HERIBERTO
LOS DIBUJOS DE
JUÁREZ

Also from Westphalia Press

westphaliapress.org

HERIBERTO
LOS DIBUJOS DE
JUÁREZ

Westphalia Press
An imprint of Policy Studies Organization
1527 New Hampshire Ave., NW
Washington, D.C. 20036
info@ipsonet.org

ISBN-13: 978-1-63391-553-4
ISBN-10: 1-63391-553-0

Cover design by Jeffrey Barnes:
jbarnes.design

Daniel Gutierrez-Sandoval, Executive Director
PSO and Westphalia Press

Updated material and comments on this edition
can be found at the Westphalia Press website:
www.westphaliapress.org

HERIBERTO
LOS DIBUJOS DE
JUÁREZ

Texto:
PAUL RICH

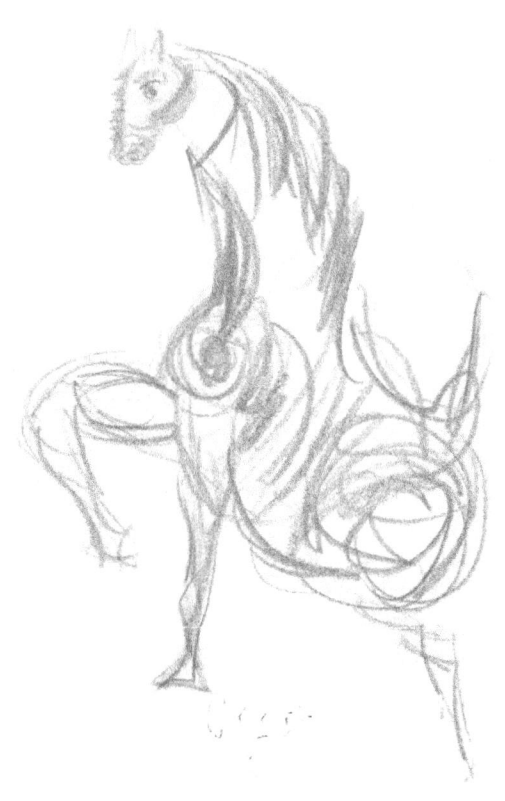

ÉQUUS, 1971
Lápiz / papel, 23 x 15 cm

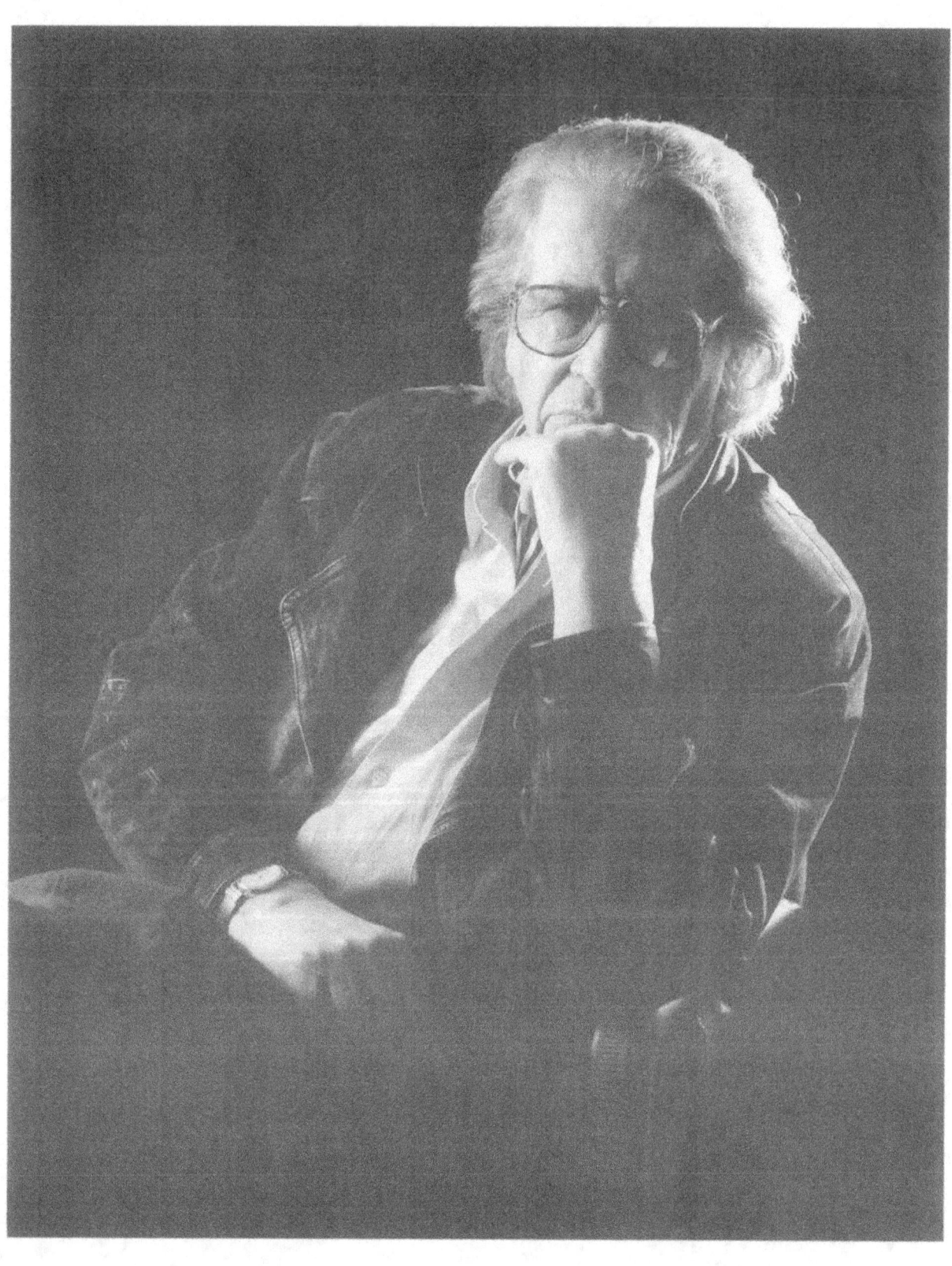

EL GENIO DE
HERIBERTO
JUÁREZ

Paul Rich

Juárez, en un primer encuentro, es de cierta manera atemorizante dado todo su poder y vitalidad, aunque cuando uno lo conoce como amigo indudablemente se revela como una de las personas más consideradas y amables. En su reino es soberano. Es miembro de un partido de sí mismo; piensa que todavía vale la pena luchar por el mundo y nos lo hace saber inmediatemente. André Malraux en *La condición humana* escribió: "Todo arte es una revuelta contra el destino del hombre". No podría haber mejor descripción de su talento. Sin embargo la enorme fuerza de su trabajo que este libro ilustra, no anula el hecho de que él se compromete apasionadamente para que el público disfrute el arte y que del arte se deriven bríos para vivir. Al describir su trabajo en una plática en la Universidad Stanford dije:

"Cualquier comentario crítico sobre Juárez corre el riesgo de interferir con la relación directa que desea establecer, apasionadamente, entre su obra y el espectador. Hay muy pocos artistas trabajando hoy en día que demanden con tanto vigor como Juárez que nos acerquemos a su obra tan ecológicamente, es decir, que experimentemos su trabajo como parte de la vida y no simplemente que lo veamos. Por esta misma razón se ha resistido hasta ahora a la solicitud de sus amigos entusiastas para que algunos de sus bocetos sean publicados. Para él la escultura ofrece la interacción con los espectadores a los que tanto atesora pero sus bocetos son sencillamente demasiado buenos para que le sean negados a un público más amplio".

Tal vez sea una sorpresa que alguien tan famoso en la escultura trabaje con la misma familiaridad e igual de bien en otros medios. Los bocetos encantan a los visitantes del Departamento de Relaciones Internacionales de la Universidad de las Américas en Cholula, donde son vistos de una forma totalmente apropiada por grupos de visitantes extranjeros que vienen con la intención de comprender a México. Afortunadamente, ahora estas páginas le llegarán a un número incontable de personas y tal vez las conduzca a las extraordinarias colecciones de Juárez en la universidad.

Los bocetos en esta espléndida nueva publicación son tan interactivos, si se les permite ser, como lo son obviamente las esculturas. ¿Qué es lo que dicen estos bocetos? Al menos para mí, al igual que las esculturas, son un sorprendente recordatorio del papel que juega el ingenio en el arte. Por supuesto que existe una distinción en el arte entre ingenio y humor (contrástese, si se quiere, a Picasso y a Chagall) y ese contraste se hace patente en este libro. Juárez tiene una gran dosis de ingenio, como lo muestra en estas páginas. Ahora bien, esto no es lo mismo que humor. Como individuo ciertamente tiene un sentido robusto del humor que encanta a todos los que lo conocemos pero sus bocetos no son usualmente, ni explícita ni declaradamente humorísticos. Sin embargo son en extremo ingeniosos y esa es la clave para apreciar a Juárez. Tienen que ser mirados varias veces bajo distintos estados de ánimo antes que todos sus detalles puedan ser comprendidos.

Definitivamente este es un libro para ser disfrutado en una noche invernal junto al fuego y en compañía de alguien, Juárez insistiría sin duda, a quien se ame. Como añadidura a su ingenio los dibujos son divertidos. Juárez es una persona lúdica, disfruta su arte y esto aparece fuertemente en los dibujos, simplemente son entretenidos. Al observar a la gente que regresa de ver su ahora famoso jardín en la Universidad de las Américas, algunas veces los veo estallar en risas para el sobresaltado asombro de sus amigos. Súbitamente se han cruzado con el tremendo ingenio seco que está repartido en todas sus creaciones.

Después de lo anteriormente dicho uno debe agregar que cualquiera que se involucre con Juárez se verá seriamente involucrado con México y sus pasiones. De principio a fin la colección en este volumen es vigorosa, patriótica (en el mejor sentido) y provocativamente mexicana. En ese sentido Juárez está en desacuerdo con algunos de sus contemporáneos que no se han sentido obligados a tomar en cuenta sus raíces. Seamos honestos con esto. Juárez ha sido muy controvertido en algunas ocasiones por su persistencia en la necesidad, para los artistas mexicanos, de regresar en su obra a sus orígenes mexicanos y por su crítica del rumbo que la instrucción artística ha tomado en las universidades mexicanas. Lamenta las distinciones hechas entre arte culto, popular y comercial y no tiene paciencia para el arte que separa y aliena. Alguien me dijo: "Juárez conoce a su pueblo", de hecho así es y su pueblo es México.

El gran proyecto de su vida ha sido explorar y explotar el distintivo espíritu nacional del arte mexicano y perpetuarlo hasta el siglo veintiuno. Entonces, la pregunta no es realmente qué pensamos de Juárez sino qué aprendemos de Juárez sobre México. No es posible hablar de sus creaciones sin discutir acerca de México. Uno está tentado a agregar que en los tiempos por venir, no será posible discutir México sin discutir sobre Juárez.

Repetidamente ha dirigido vastos torrentes de su energía en poner el alma de México en sus dibujos así como en sus pinturas y esculturas. México es siempre parte de lo que hace. Es el catalizador, raíz y fuente de su talento. Por supuesto es un internacionalista, un ciudadano del mundo que ama el pluralismo del arte y que admira ampliamente las tradiciones de otros países. No es un chovinista y ¡Ciertamente tampoco es la versión mexicana de Henri Bouchot! No es coincidencia que una colección tan impresionante de su obra esté en las nuevas oficinas centrales universitarias de instrucción en estudios internacionales, de hecho, es supremamente apropiado.

Al mismo tiempo cree que un artista debe tener un pasado, que el arte (cualquiera en cualquier comunidad mundial exitosa) está asentado sobre antiguos y profundos cimientos. Cuando se conversa con él proyecta su preocupación por los artistas mexicanos jóvenes y lo que siente, a veces, es que hay una falta de profundidad causada por un internacionalismo facilón y desinformado. La noción de que el universalismo es siempre y automáticamente bueno es algo de lo que sospecha. A manera de reflexión, la comida de hotel descrita vagamente como "estilo internacional" ¡Es a menudo intragable!

Que los dibujos sean de la vida en México no es sorprendente porque Juárez está constante y a veces traviesamente poniendo arte en la vida y obteniendo arte de la vida. No piensa que el arte sea algo que se produzca solamente en un estudio, o para tal caso, que deba ser mantenido en un museo y visto los domingos. Toma un plato en la cena y traza un boceto en él. Ve un espacio cercano a un área escolar de juegos y quiere hacer una escultura que lo ocupe para que los niños puedan jugar en ella. De manera importante, sus bocetos en este libro reflejan, como lo hacen sus esculturas, no sólo su espontaneidad sino su habilidad para comprender intelectualmente y perpetuar la esencia de lo que ve. Los dibujos son tanto espontáneos como intelectuales, lo que no es poca cosa. Eso indudablemente es magia .

Así que este libro de sus bocetos es un testimonio rápidamente trazado de cómo un gran artista ha mantenido la fe en México. No es propaganda de México sino más bien verdad sobre México. Por todo lo que he dicho acerca de su ingenio, esté advertido que algunos de los dibujos reflejan una enorme tristeza. No todos son gozosos pero están hechos de la vida en México y, algunas veces, la vida en México es triste.

Este uso de la tradición nacional en el arte es para Juárez y para todos nosotros un asunto importante. Su obra habla de lo que podría ser llamada una crisis no sólo en el arte mexicano y de hecho en la cultura mexicana, sino en el arte y la cultura mundial. Por un lado, tenemos una minoría como Juárez quien se preocupa por el patrimonio del país, comprometida hasta tal punto que hace de su trabajo, si uno tuviera que usar una palabra temida, una declaración. Por el otro lado, tenemos un buen número de artistas mexicanos, posiblemente un número creciente y en cualquier parte, cuyos esfuerzos, sin importar cúan loables sean, no tienen nada que ver con México o sus patrias respectivas.

No hay una respuesta fácil a esto, como a menudo Juárez lo resalta. El arte es un lenguaje universal pero si el arte pierde su particularidad y se transforma en un esperanto existe la posibilidad de que, al igual que el esperanto, se convierta en un lenguaje universal con poca audiencia. Uno se pregunta qué hubiera creado Shakespeare sin la historia inglesa o qué hubiera escrito Cervantes sin el paisaje español. Es difícil pensar en el Partenón sin Grecia. En suma este libro es un recordatorio de la necesidad de pensar en lo que México significa mientras se aproxima el milenio.

Ultimadamente Juárez es, gracias a Dios, un optimista sobre México. No es un existencialista a pesar de los nexos con ese tiempo y movimiento en su juventud, ni siquiera es remotamente un nihilista. Es un afirmador de vida y nos confirma algunas palabras de Malraux:

"El gran misterio no es que hayamos sido arrojados aquí abajo al azar entre la profusión de la materia y la de las estrellas; es que desde nuestra propia prisión debemos dibujar, nosotros mismos, imágenes lo sufiecientemenete poderosas para negar nuestra nada *(La condición humana)*."

Juárez pertenece a un lugar como la Universidad de las Américas o cualquier lugar similar donde haya gente joven que esté decidida a corregir las cosas malas y cambiar el mundo. Él les habla directamente.

Por supuesto, al haber urgido la experience directa de Juárez en oposición a una sobre su intelectualización, se debe advertir que no hay nada simplista en él y su obra. Si quiere ser intelectual en el arte, Juárez está dispuesto a subirse al ring con usted. Por ejemplo, como con Diego Rivera, algunos de nosotros sentimos que hay referencias sutiles, algunas veces perturbadoras y usualmente refrescantes del trabajo de José María Velasco. Aquellos que son historiadores del arte encontrarán entendible que permanecen ecos de su estilo temprano que muestran que él pasó a través de un largo periodo de gestación en el cual el realismo se disipaba gradualmente (pero nunca desapareció) - más bien como el gato de Chesire, cuya sonrisa persistía obsesivamente en *Alicia en el país de las maravillas.* Para citar nuevamente algunos de mis comentarios en Stanford:

"Los críticos están en lo correcto al sentir que comparte con Henry Moore y Auguste Rodin una fascinación por la luz y la sombra que los impresionistas invocaron y la facilidad con la que hicieron bocetos sorprendentemente veloces. Se ha resaltado que también es impresionante en la naturaleza ecléctica de sus gustos y que aquellos dibujos serán vistos por los verdaderos conocedores como una sólida respuesta mexicana, en relación, a los esfuerzos de Delacroix y Theodore Rousseau. Sólo porque Juárez sea tan mexicano no significa que carezca de un conocimiento profundo de otras tradiciones y le guste referirse a éstas".

Obviamente entonces hay mucho que discutir acerca de su talento. La penosa, largamente esperada revaloración de Juárez y su influencia en el arte mexicano se facilita muchísimo con esta publicación. El viaje que haremos a través de este libro es un viaje con una compañía muy provocadora y comprometida. Enfáticamente, Juárez nos invita a lo largo de sus viajes para dialogar con nosotros y no sólo como observadores mudos. Así como nos pudiéramos beneficiar de tener como compañía a un distinguido y entusiasta arqueólogo que usaría el método socrático para visitar un sitio antiguo, tenemos una maravillosa y entusiasta compañía para sondear la mente y la pasión del México moderno. Para entender un país, necesitamos más que una tabla de estadísticas. Para entender los Estados Unidos uno no podría hacer nada mejor que dedicarle tiempo a las obras de Frederick Remington o Andrew Wyeth. Feliz entonces el descubrimiento que alguien esté usando su genio artístico para el servicio de México y su gente joven de la manera como lo hace Juárez.

Concluyo con una nota personal. A menudo se me pregunta cómo llegué a conocer al maestro. En retrospectiva era inevitable. Él y yo somos de entre los menos de la media docena en México que somos FRSA, que no es una enfermedad contagiosa de nombre extraño, sino que más bien señala una elección como *Fellows of the Royal Society of Arts* en Londres. En su caso, fue un bien merecido honor y reconocimiento para un gran artista pero en mi caso ¡me temo que era mucho más dudoso por escribir notas al pie de página! Algunos de nosotros, ¡Ay!, estamos condenados a comentar sobre arte más que a crearlo. Por supuesto, había visto su obra en galerías foráneas así que estaba decidido a venir a México a conocerlo. Al haberlo conocido y disfrutado a través de su arte estaba seguro que él sería, aunque provocador, el guía perfecto para una de las sociedades más complejas en el mundo. No he sido defraudado.

No cabe lugar a dudas que nuestro vigoroso y determinado amigo es uno de los mejores comentaristas de México en nuestro tiempo. Si usted desea entender a México, sencillamente eche una mirada atenta en estas páginas al arte de Heriberto Juárez.

¡Viva Juárez! ¡Viva México! ¡México Vive!

Paul Rich FRSA
Universidad de las Américas - Puebla
Hoover Institution, Stanford
Casa de los Arcos, Cholula. Enero de 1999.

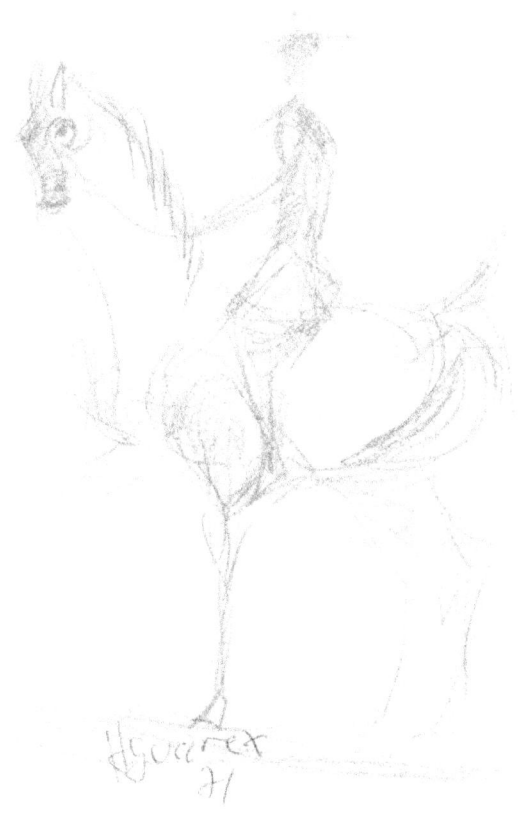

MUJER Y ÉQUUS, 1971
Lápiz / papel, 23 x 15 cm

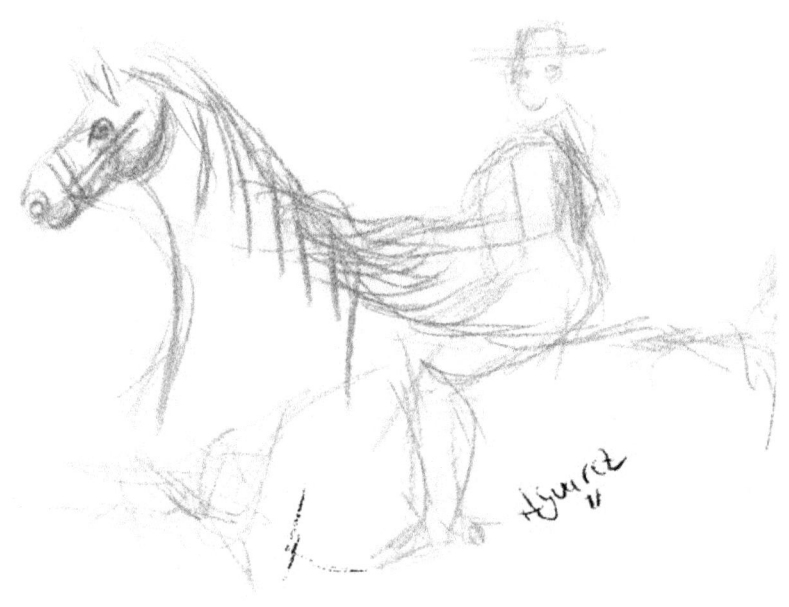

Entrenando a Équus, 1971
Lápiz / papel, 23 x 15 cm

THE GENIUS OF
HERIBERTO
JUÁREZ

Paul Rich

Juárez at first meeting is somewhat frightening because of all his power and vitality, although when one knows him as a friend he is certainly revealed as the kindest and most considerate of persons. In his realm he is sovereign. He is a member of a party of one. He thinks the world is well worth fighting for and lets us know that, immediately. André Malraux in Man's Hope (La Condition Humaine) wrote that "All art is a revolt against man's fate." There could be no better description of the accomplishment of Heriberto Juárez. Yet the massive strength of his work which this book illustrates does not take away from the fact that he is passionately concerned that people enjoy art and that from art they derive courage for living. Describing his work in a talk at Stanford University, I said:

> Any critical comments about Juárez run the risk of interfering with the direct relationship that he passionately wishes above all to establish between his work and the viewer. There are very few artists working today who demand as forcefully as Juarez does that we approach their work so ecologically, that is to say that we experience their work as part of life and not just view it. For that very reason he has resisted until now the demand by his enthusiasts that some of his sketches be published. For him, sculpture offers the interaction with viewers that he so prizes. But his sketches are simply too good to be denied a wider audience.

It perhaps comes as a surprise that someone so famous for sculpture also works so confidentally and so well in other media. The sketches delight visitors to the Department of International Relations at University of the Americas in Cholula, where quite appropriately they are seen by scores of visitors from overseas who

15

come to try to understand Mexico. Fortunately now these pages will bring them to countless more people and perhaps direct them to the extraordinary Juárez collections at the university.

The sketches in this handsome new volume are as interactive, if we will let them be so, as more obviously are the amazing sculptures. What do these sketches say? Well, for me at least they are a startling reminder of the role of wit in art, just as much as the sculptures. There is of course a distinction in art between wit and humor (contrast if you will, Picasso and Chagall) and that contrast is apparent in this book. Juárez has a great deal of wit, which shows in these pages. Now, that is not the same as humor. As an individual he certainly has a robust sense of humor which delights all of us who know him, but his sketches are not usually either overtly or loudly humorous. They are however extremely witty and that is a key to appreciating Juárez.

They have to be looked at a number of times when one is in various moods before all the nuances of this are realized. This is definitely a book to enjoy on a winter's evening before a fire and with someone, Juárez would undoubtedly insist, that you love. As an adjunct of their wit, the drawings are fun. Juárez is a playful person and enjoys his art, and this playfulness comes across strongly in the drawings. Quite simply, they are amusing. Watching people who come to see his now famous garden at University of the Americas, I sometimes see them break out laughing, to the startled amazement of their friends. They suddenly have come across some of the deadly dry wit that goes in some portion into all his creations.

Having said that, one must add that anyone who becomes involved with Juárez becomes seriously involved with Mexico and its passions. First and last the collection in this volume is forcefully, patriotically (in the best sense) and provocatively Mexican. In that respect, Juárez is at odds with some of his contemporaries who have not felt obligated to heed their Mexican roots. Let us be honest about this. Juárez has been highly controversial at times because of his persistence about the need for Mexican artists coming back in their work to their Mexican origins and his criticism of the directions that art instruction has taken in Mexican universities. He deplores the distinctions made between high and popular and commercial art, and he has no patience for art that estranges and alienates. "Juárez knows his village" someone said to me. Indeed he does, and his village is Mexico.

16

The great project of his life has been to explore and exploit the distinctive national spirit of Mexican art and perpetuate it into the twenty-first century The question then is really not what we think about Juarez but what we learn from Juárez about Mexico. It is not possible to talk about the creations of Juárez without discussing Mexico. One is tempted to add that in times to come it may not be possible to disucss Mexico without discussing Juárez.

He repeatedly directs vast torrents of his energy towards putting the soul of Mexico into his drawings, as well into as his paintings and his sculptures. Mexico always is part of what he does. It is the definer, root and source of his acomplishment. Of course he is an internationalist, a world citizen who loves the pluralism of art and who vastly admires the traditions of other countries. He is not a chauvinist and certainly is not Mexican version of Henri Bouchot! It is not coincidental that such an impressive collection of his oeuvre is in the new headquarters of university instruction in international studies; in fact, it is supremely appropriate.

At the same time he believes that an artist must have a past, that art (any indeed any successful world community) stands on deep and old foundations. In conversation he projects his concern about young Mexican artists and what he at times feels is a lack of depth caused by an uninformed and facile internationalism. The notion that universalism is always and automatically good is something he suspects. One reflects that hotel food loosely described as "international style" is often uneatable!

That the drawings here are from life in Mexico is not surprising because Juárez is constantly, and at times impishly, putting art into life and getting art from life. He doesn't think of art as something that is done just in a studio or for that matter kept in museums and looked at on Sundays. He seizes a plate at dinner and does a sketch on it. He sees a space next to school playground and wants a sculpture occupying it that the children can play upon. Importantly, his sketches in this book reflect, as do his sculptures, not only this spontaneity but his ability to intellectually grasp and perpetuate the essence of what he sees. The drawings are both spontaneous and intellectual, which is no mean feat. It is indeed magic.

So this book of his sketches is a rapidly-paced testimony to how a great artist has kept faith with Mexico It is not propaganda about Mexico but rather truth about Mexico. For all that I have said

17

about his wit, be warned that some of the drawings have a considerable sadness about them. They are not all joyous. But the drawings are made from life in Mexico, and sometimes life in Mexico is sad.

This use of national tradition in art is for Juárez and for all of us an important issue. His work speaks to what could be called a crisis not only in Mexian art, and indeed in Mexian culture, but in world art and culture. On the one hand we have minority like Juárez who are much concerned about the patrimony of the country, concerned to the point of making their work, if one may used a somewhat dreaded word, a statement. On the other hand, we have a number of Mexican artists, possibly an increasing number, and else-where, whose efforts, no matter how praiseworthy, have little to do with Mexico or their respective homelands.

There is no easy answer to this, as Juárez often remarks. Art is a universal language, but if art loses its particularism and beomes an Esperanto, there is a chance that like Esperanto it would become a universal language with a small audience. One wonders what Shakespeare would have created without English history, or what Cervantes would have written without the Spanish landscape. It is hard ot think of the Parthenon without Greece. In sum, this book is a reminder about the need to think about what Mexico means as the millennium approaches.

Ultimately Juárez is, thank goodness, an optimist about Mexico. He is not an existen-tialist despite ties to that time and movement in his youth, nor is he even remotely a nihilist. He is life-affirming and he confirms for us some other words of Malraux:

> The great mystery is not that we should have been thrown down here at random between the profusion of matter and that of the stars; it is that from our very prison we should draw, from our own selves, images powerful enough to deny our nothingness. (Man's Fate.)

Juárez belongs in a place like the University of the Americas or any similar place where there are young peo-ple who are determined to right wrongs and change the world. He speaks directly to them.

Of course, having urged the direct experiencing of Juárez as opposed to an over intellectualizing of him, it must be cautioned that there is nothing simplistic about him and his work. If you want to be intellectual about art, Juárez is willing to step into the ring with you. For example, as with Diego Rivera, some of us feel there are subtle, sometimes unsettling, and usually refreshing references to the work of Jose-Maria Velasco. And those who are art historians will find it understandable that echoes remain of his early style that show that he went through a long pregnancy in which realism faded gradually (but never quite vanished) — rather like the Chesire Cat whose smile hauntingly lingered in Alice in Wonderland. To again quote from some remarks of mine at Stanford:

> Critics are clearly right who feel he shares with Henry Moore and Auguste Rodin a fascination for light and shade that the impressionists invoked and the facility they had for making amazingly quick sketches. It has been remarked that he also is impressive in the eclectic nature of his tastes and these drawings will be seen by the truly knowledgable as a resounding Mexican response, in respects, to the efforts of Delacrox and Théodore Rousseau. Just because Juárez is so very Mexican does not mean that he lacks a profound knowledge of other traditions and likes to refer to them.

Obviously then there is much to be discussed about his accomplishment. The grievously overdue reassessment of Juárez and his influence on Mexican art is much facilitated by this publication. The journey we will take through this book is a journey with a most engaging and provocative companion. Juárez emphatically invites us along on his travels in order to dialogue with us and not as mute observers. Just as we would benefit by having as a companion a distinguished and enthusiastic archaeologist fwho uses the Socratic method for a visit to an ancient site, we have a superb and enthusiastic companion for this probing of the mind and passion of modern Mexico. To understand a country we need more than a table of statistics. To understand the United States one could do worse than spend some time with the work of Frederick Remington or

Andrew Wyeth. Happy then is the discovery that someone is using his artistic genius in the service of Mexico and its young people in the way that Juárez does.

To conclude on a personal note, I am often asked how I came to know the maestro. In retrospect it was inevitable. He and I are among the less than a half dozen in Mexico who are FRSA, which is not an odd-sounding contagious disease but rather marks election as Fellows of the Royal Society of Arts in London. In his case it was well-deserved honor and recognition for a great artist, but in my case I am afraid it was much more dubiously for footnotes! Some of us, alas, are doomed to comment on art rather than to create it. I had of course seen his work in foreign galleries and so I was determined on coming to Mexico to meet him. Having known and so enjoyed him through his art, I was sure that he would be the perfect if often provocative guide to what is one of the world's most complex societies. I have not been disappointed.

There is no question but that our sturdy and determined friend is one of the major commentators on Mexico in our time. If you want to understand Mexico, simply take a close look in these pages at the art of Heriberto Juárez.

Viva Juárez! Viva Mexico! Mexico Vive!

Paul Rich FRSA
University of the Americas-Puebla
Hoover Institution, Stanford
Casa de los Arcos, Cholula. January 1999

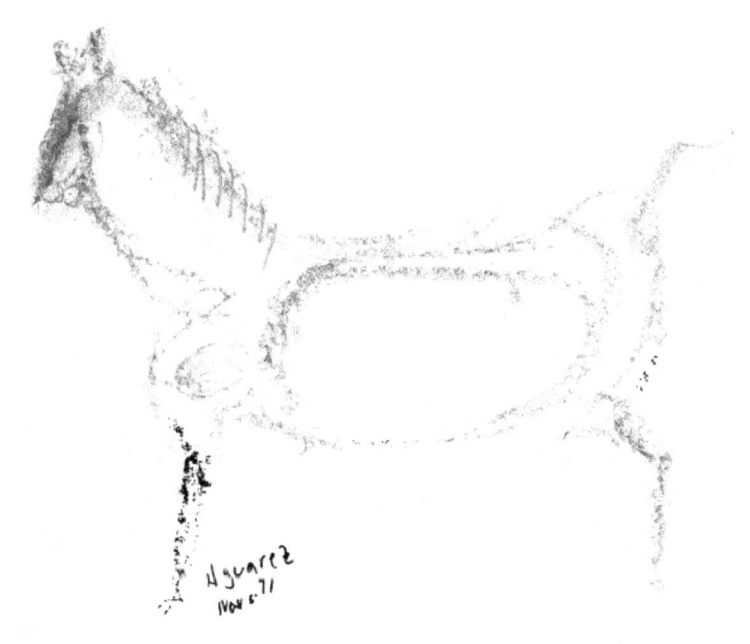

ÉQUUS EN DESCANSO, 1971
Lápiz / papel, 15 x 23 cm

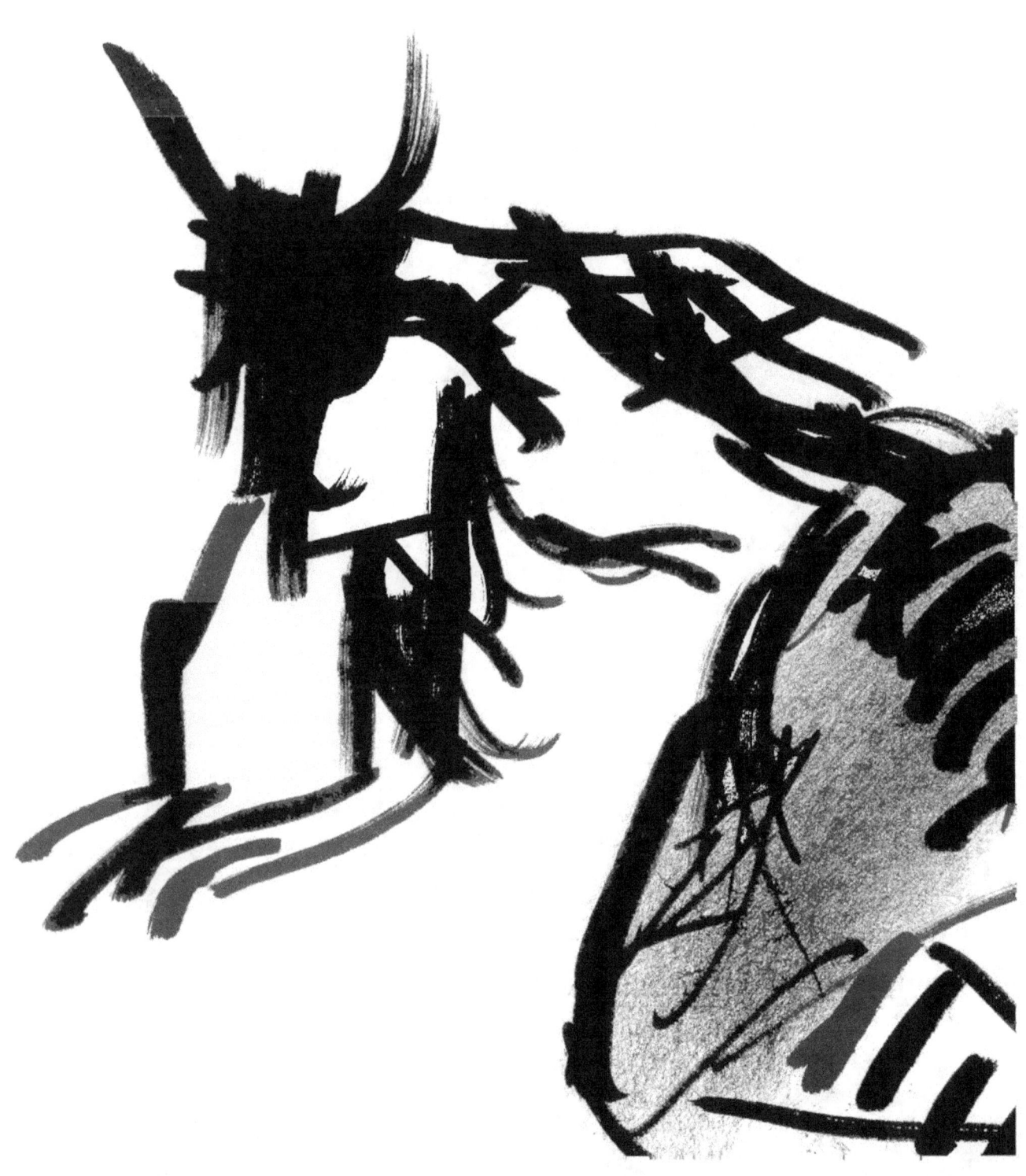

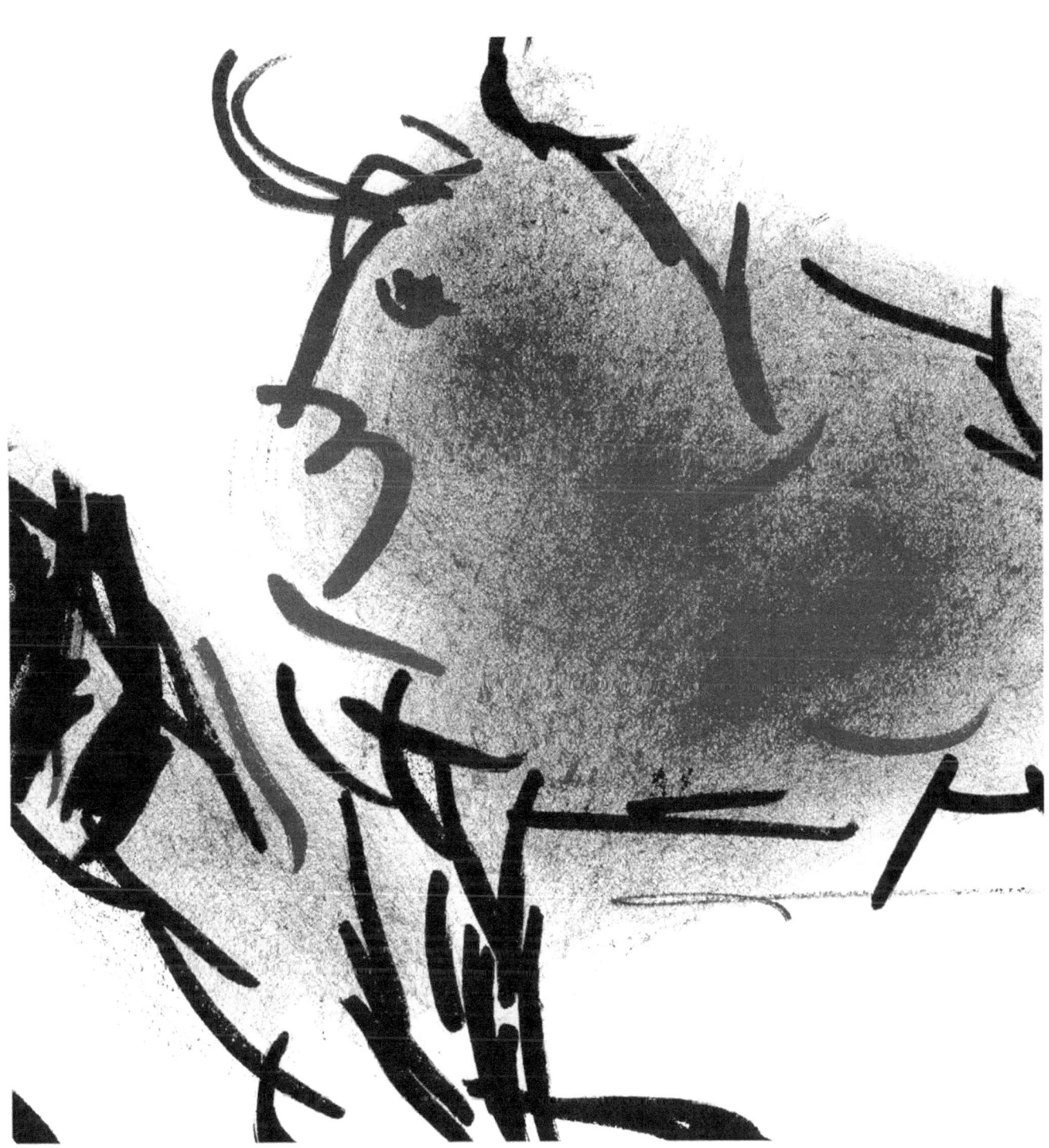

TORO CON NARIZ, 1981
Tinta / papel, 20 x 25 cm

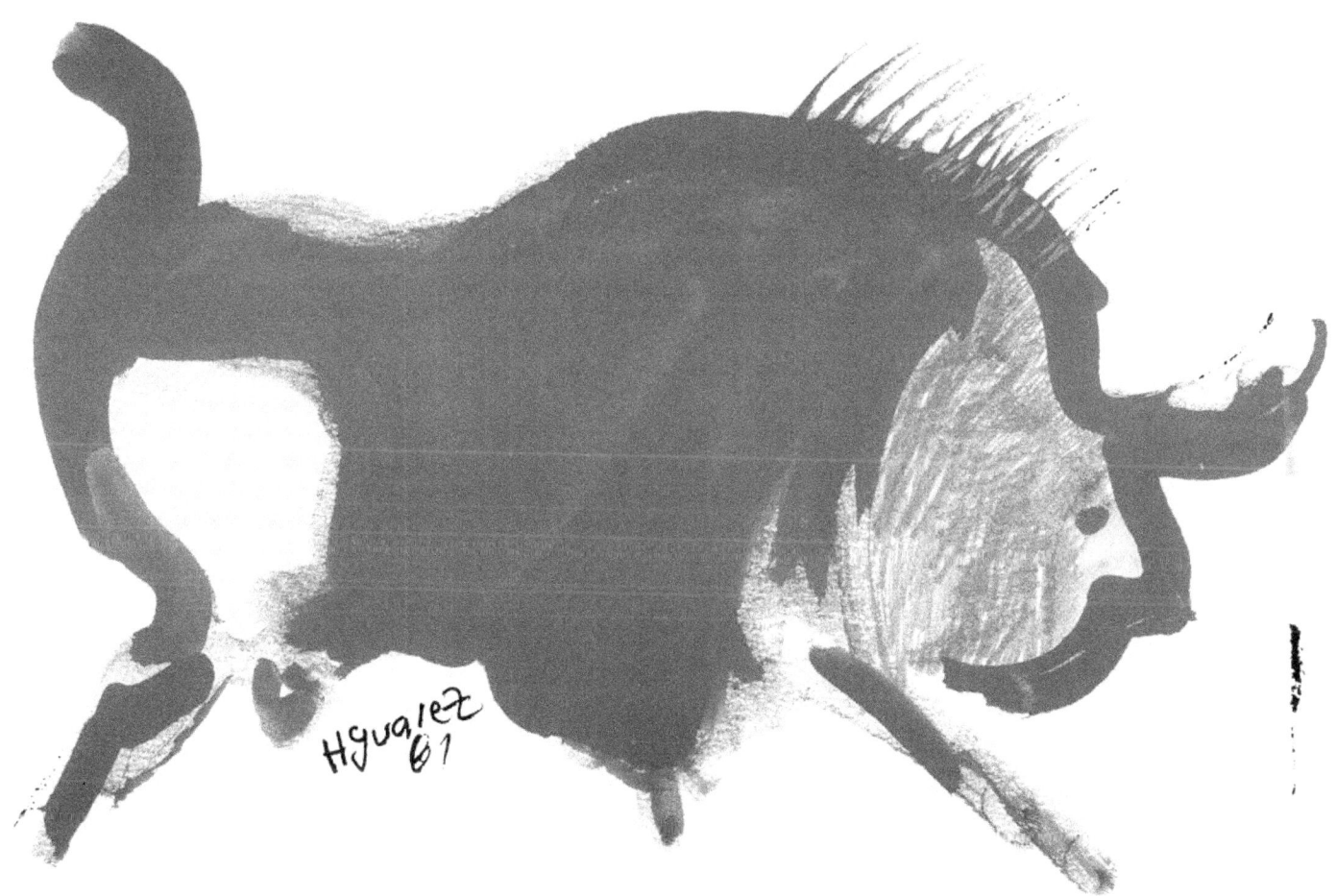

TORERO NEGRO, 1981
Tinta / papel, 20 x 25 cm

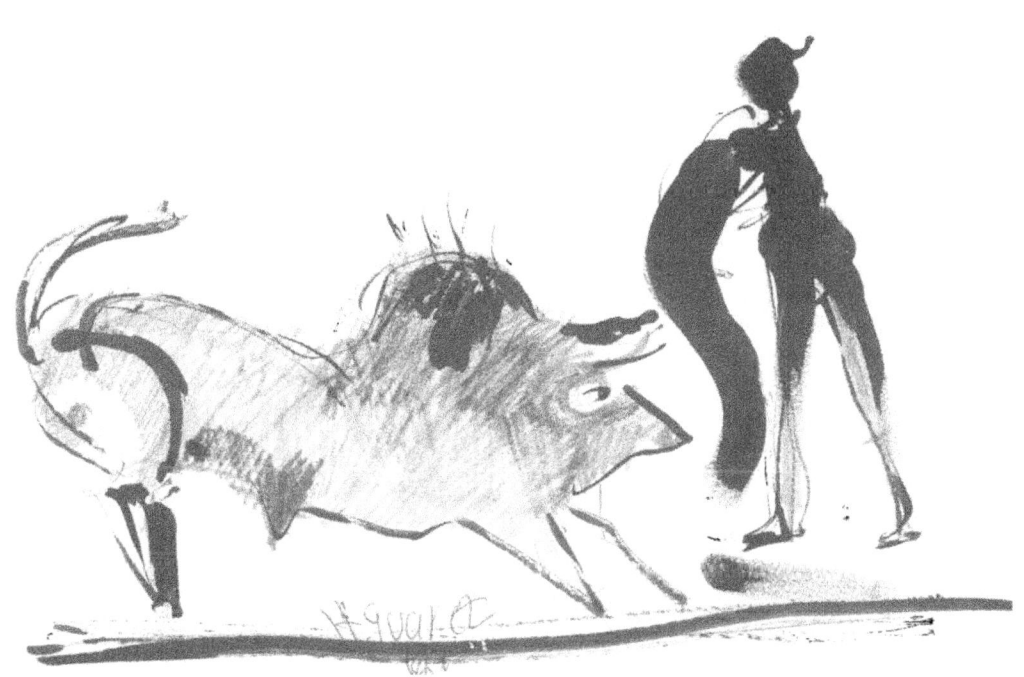

MI TORO Y YO, 1973
Tinta / papel, 16 x 22 cm

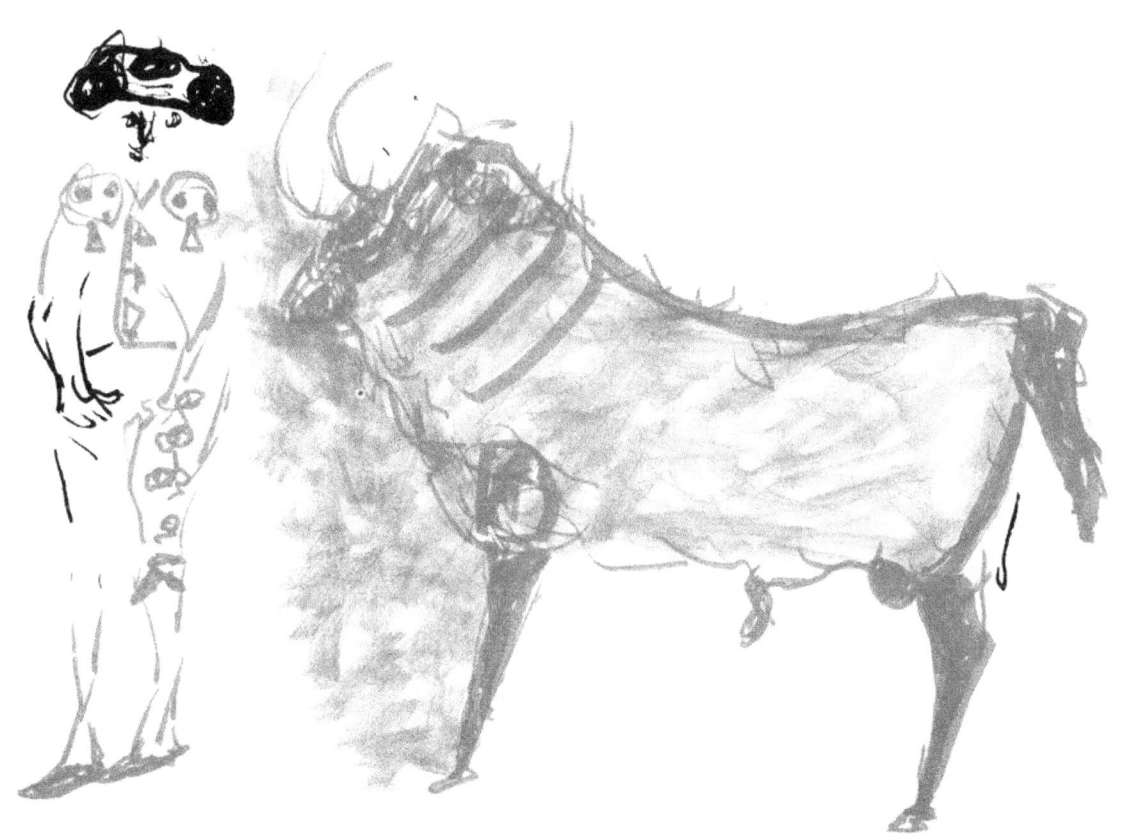

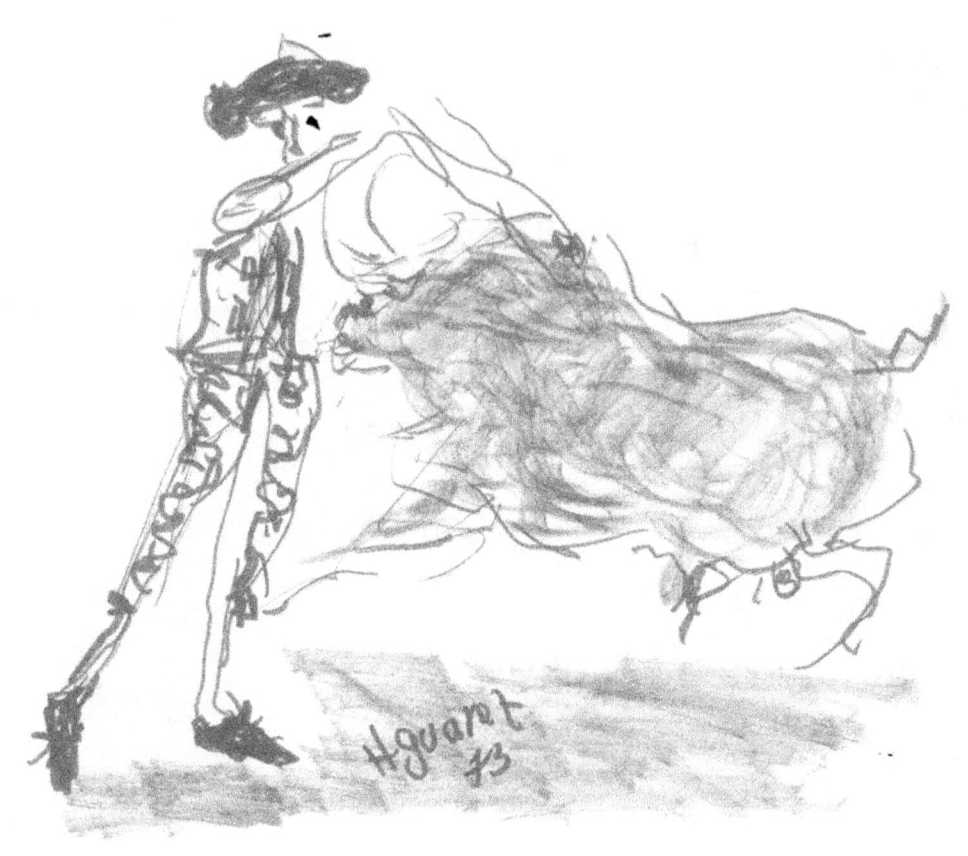

PAR DE BANDERILLAS, 1973
Tinta / papel, 16 x 22 cm

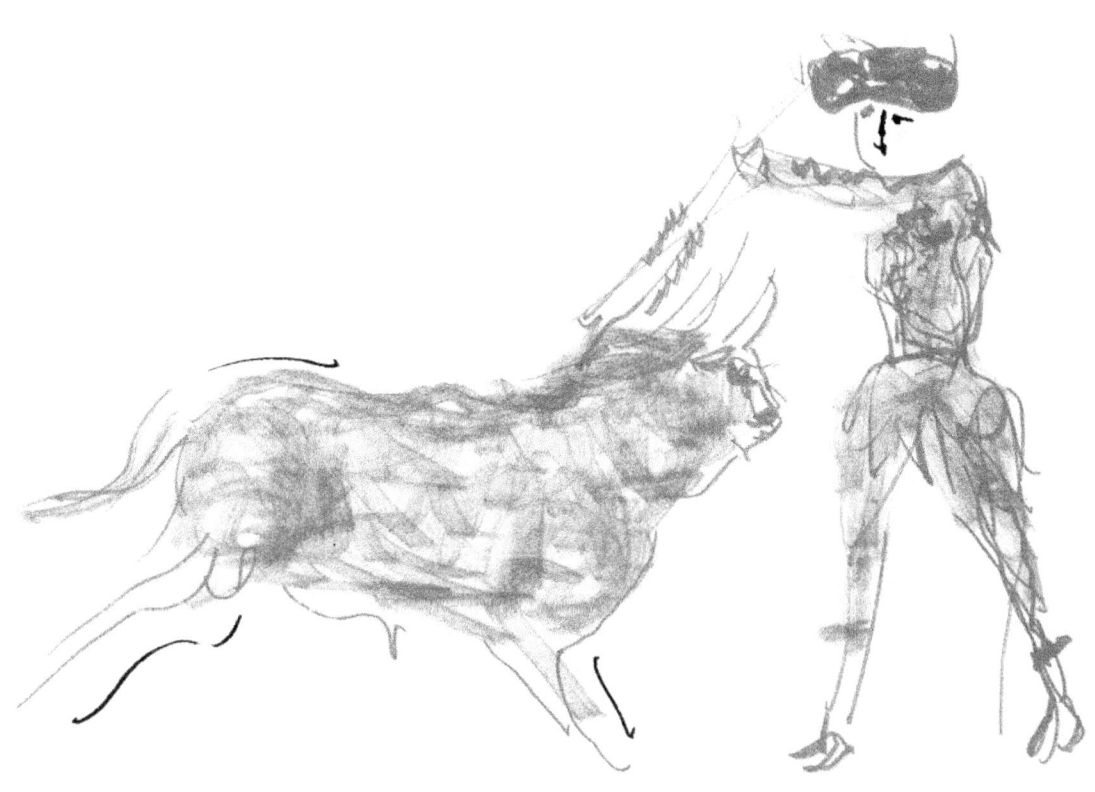

PAR DE BANDERILLAS, 1973
Tinta / papel, 16 x 22 cm

TORERO CON MIEDO, 1981
Tinta / papel, 20 x 26 cm

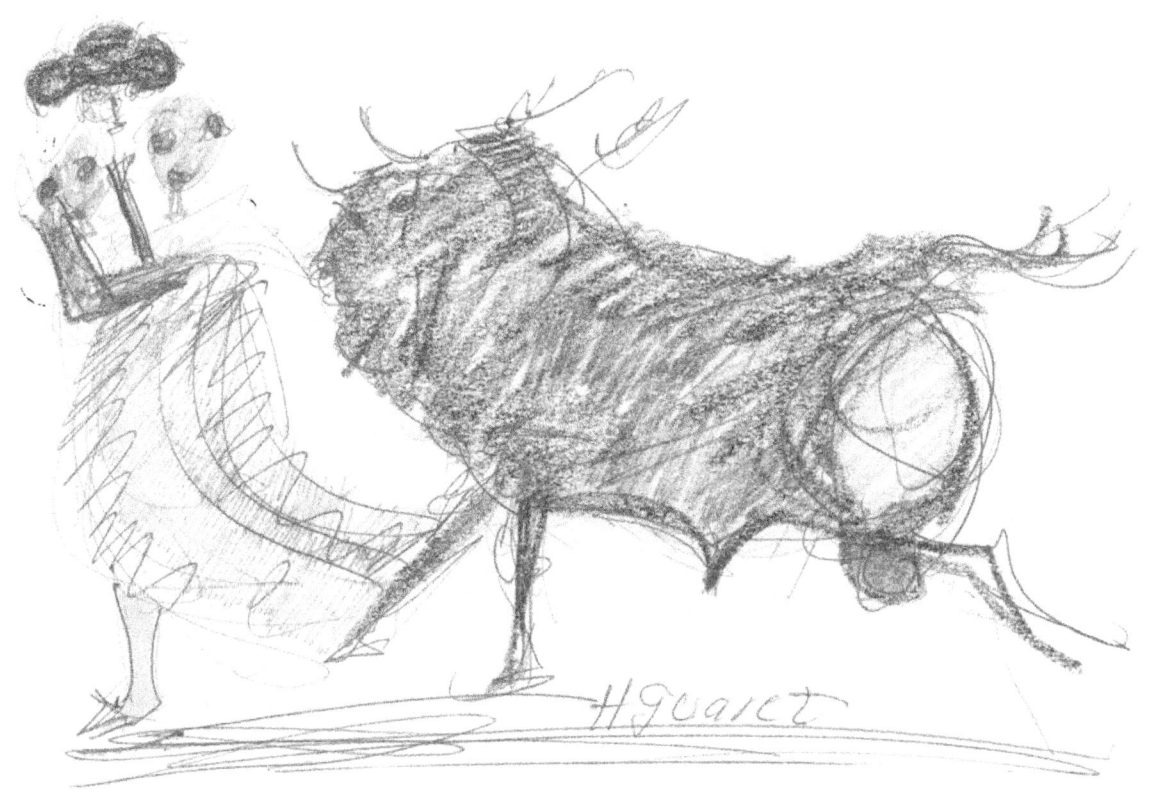

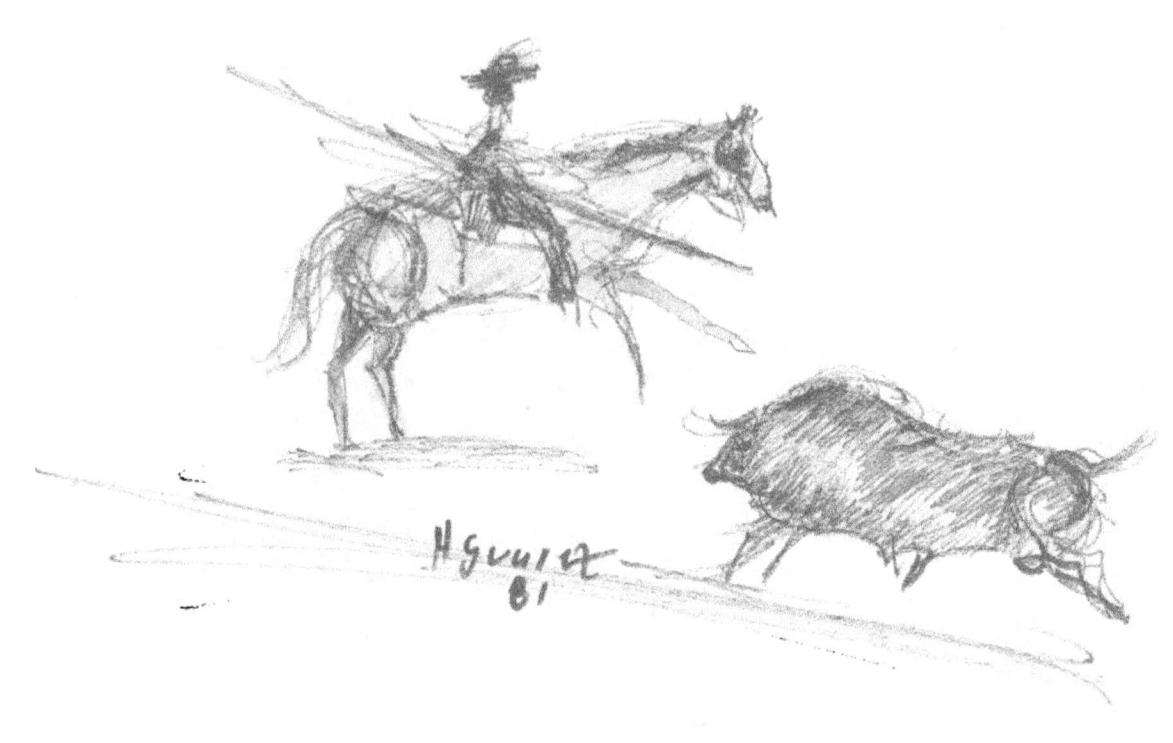

YO EL PICADOR, 1981
Tinta / papel, 20 x 26 cm

34

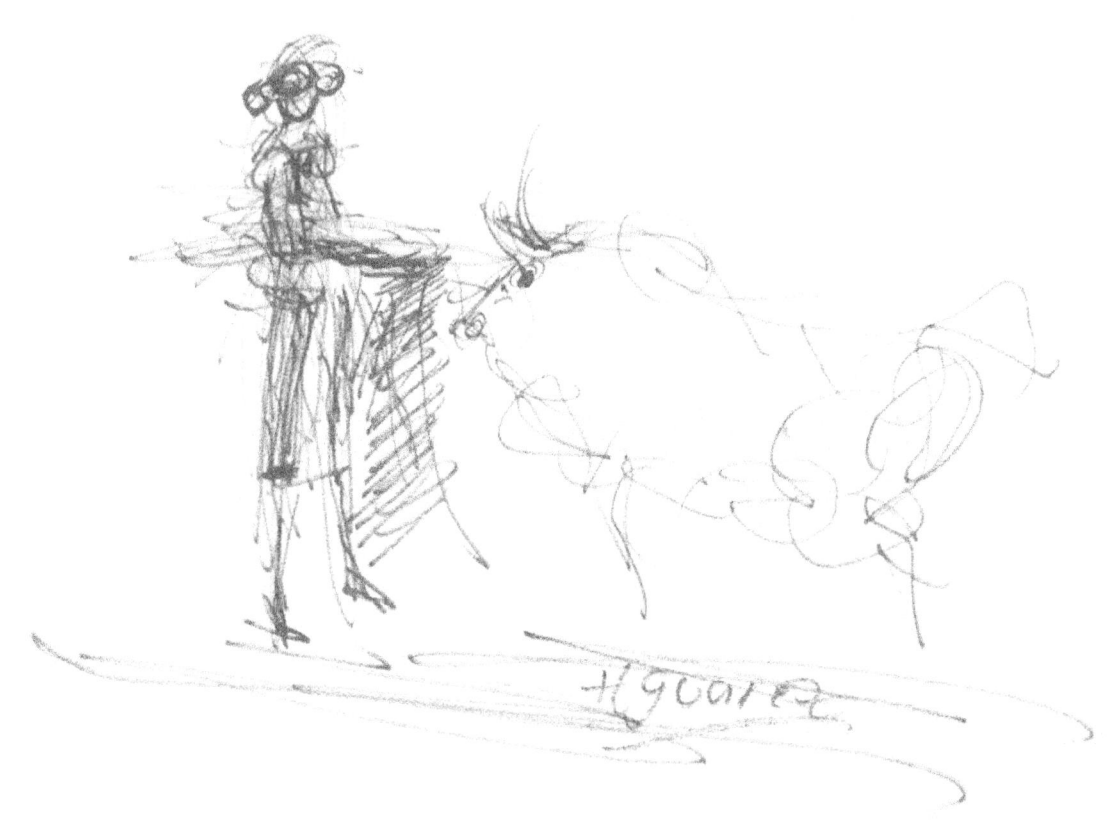

TORERO CITANDO, 1981
Tinta / papel, 20 x 26 cm

35

ESTOCADA, 1998
Tinta / papel, 21 x 28 cm

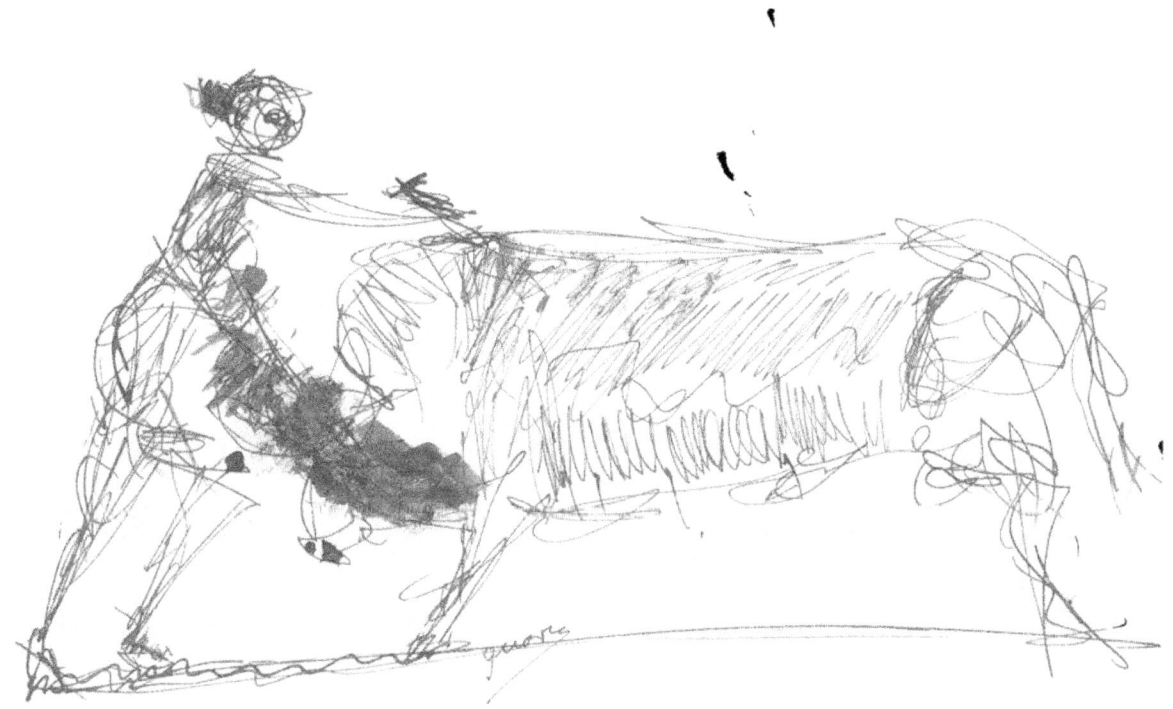

Mi HERMANO EL TORO, 1981
Tinta / papel, 20 x 26 cm

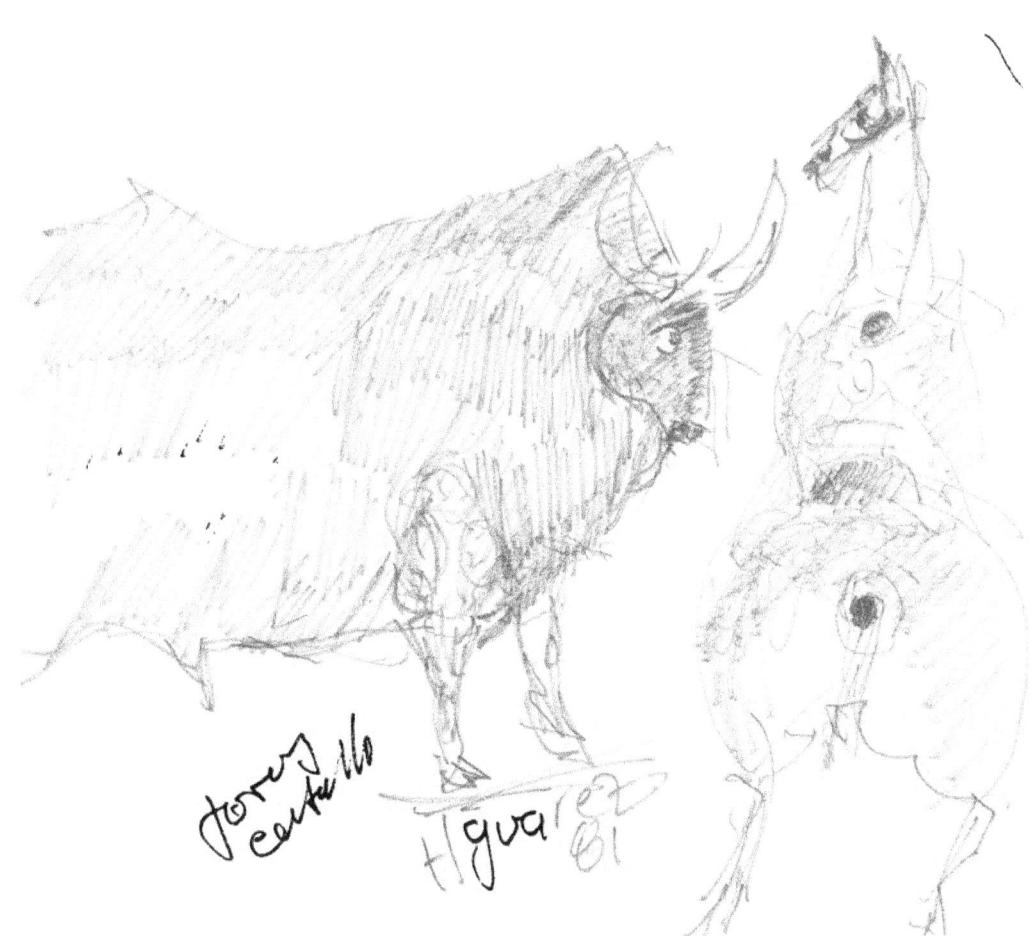

PASE DE PECHO, 1981
Tinta / papel, 20 x 26 cm

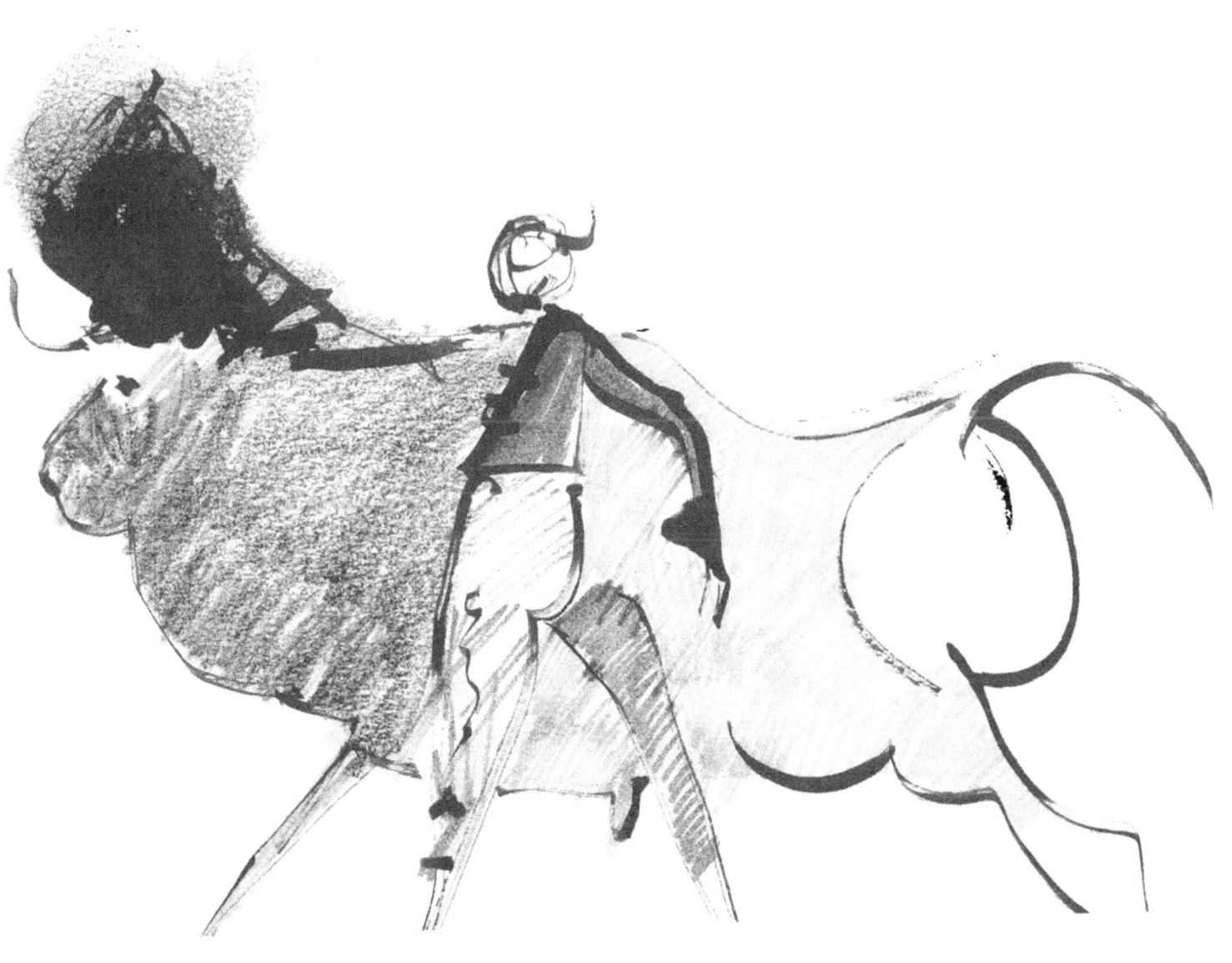

PASE DE PECHO, 1981
Tinta / papel, 20 x 26 cm

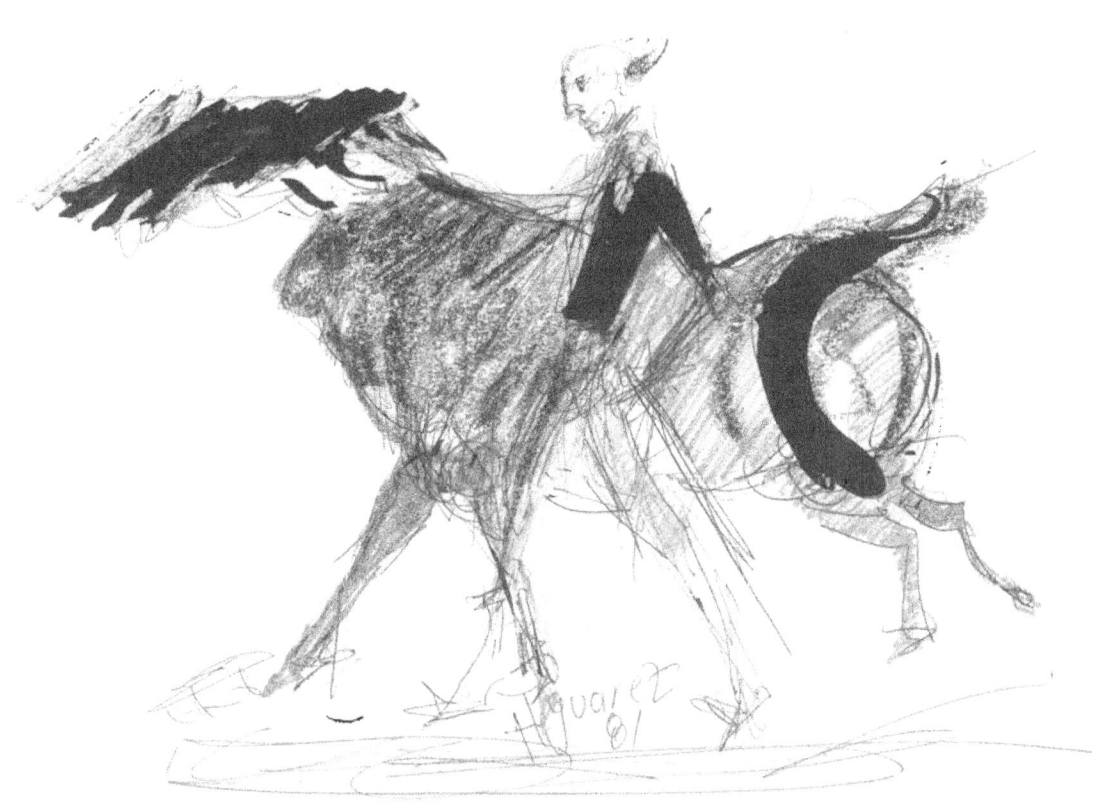

YO EL BUENO, 1980
Tinta / papel, 35 x 44 era

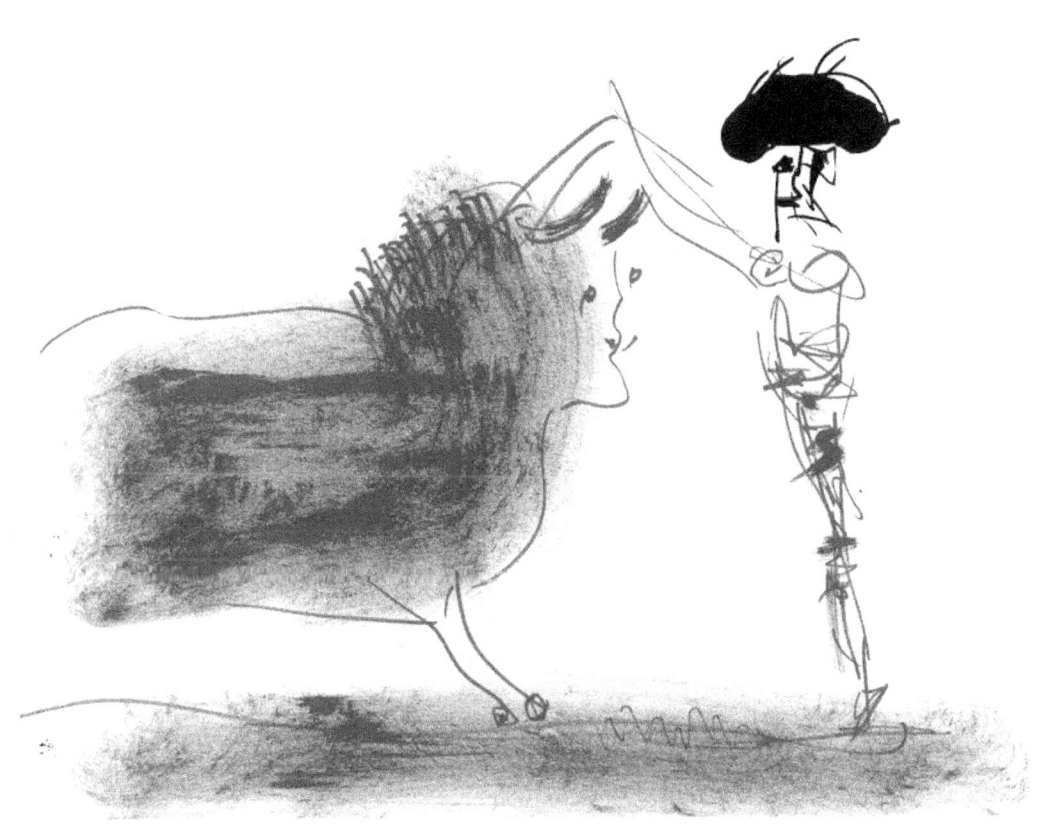

guarez
torero dan do vuelta

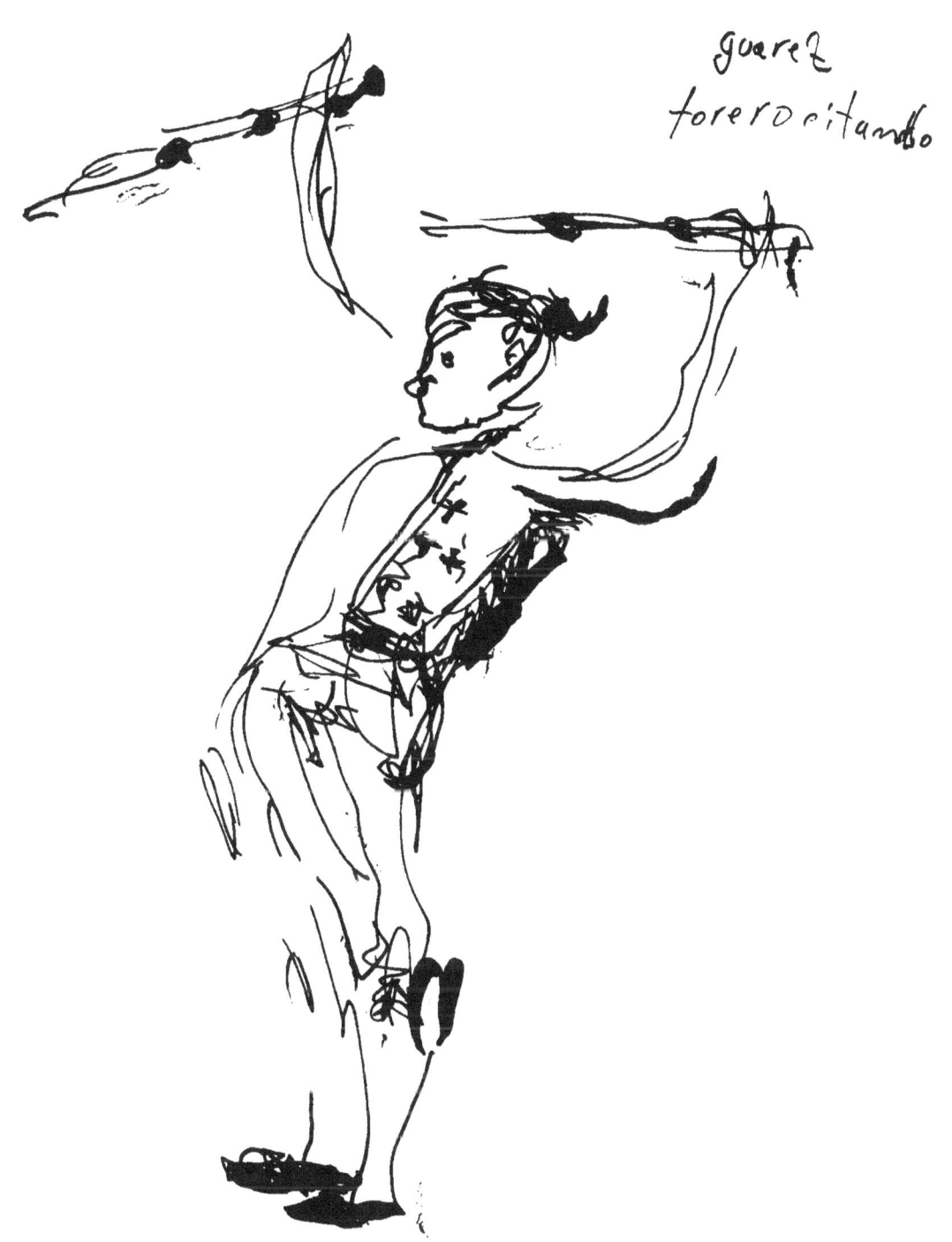

guarez
torerocitambo

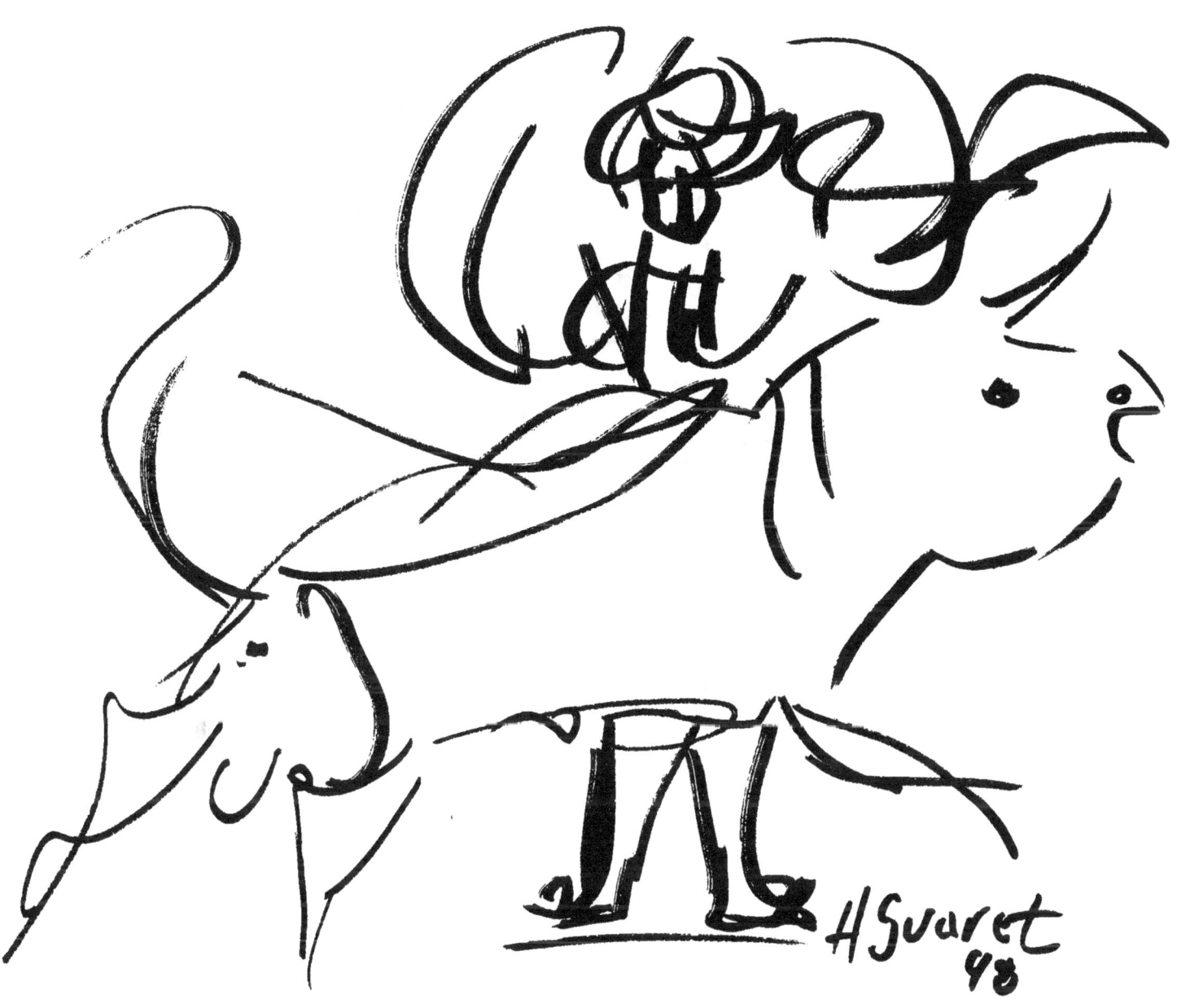

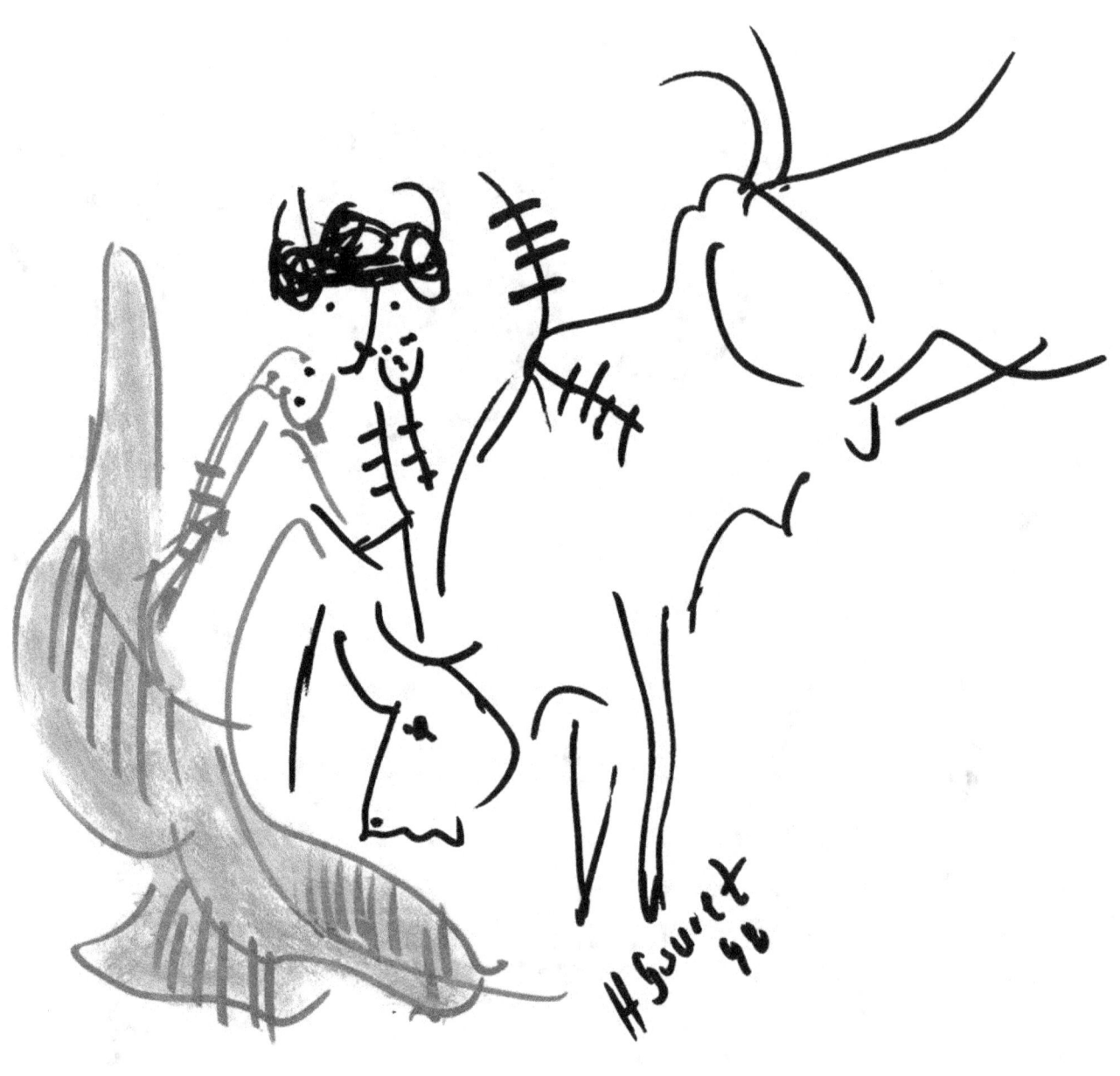

PASE NATURAL, 1998
Tinta / papel, 29 x 36 cm

50

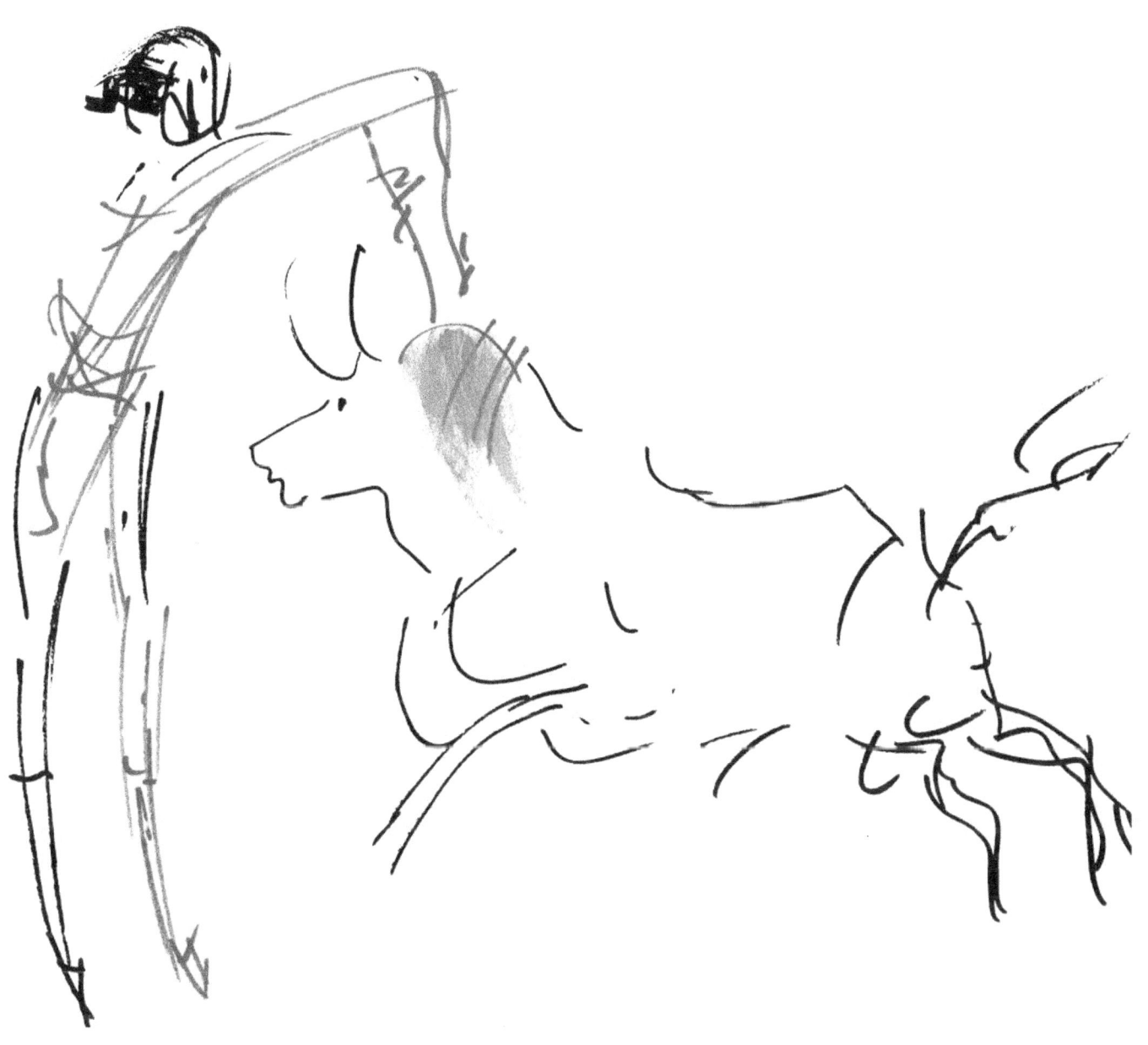

LA ELEGANCIA, 1998
Tinta / papel, 29 x 36 cm

EL RAPTO DE PARIS, 1975
Tinta / papel, 21 x 28 cm

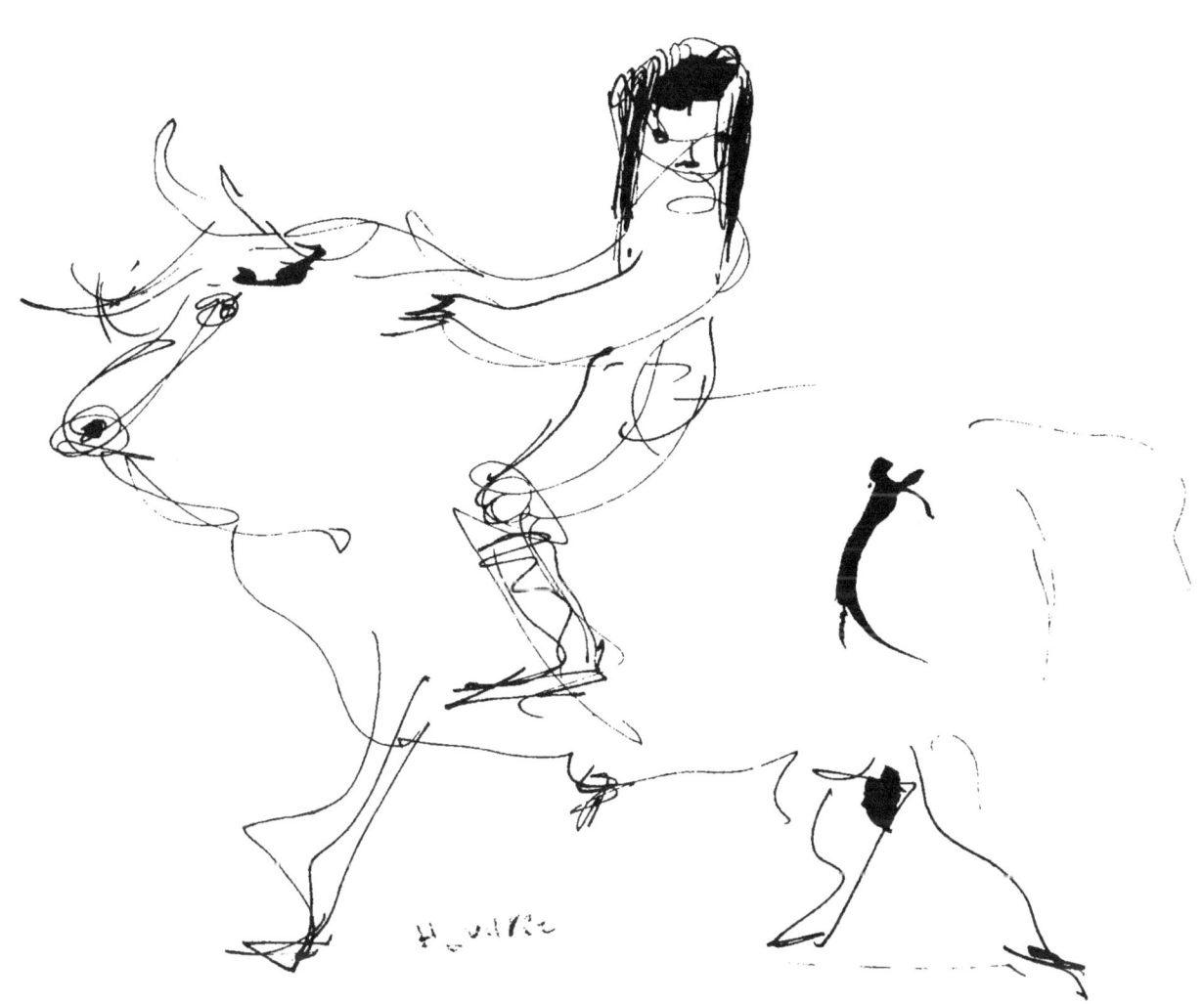

MUJER FELIZ, 1998
Tinta / papel, 36 x 29 cm

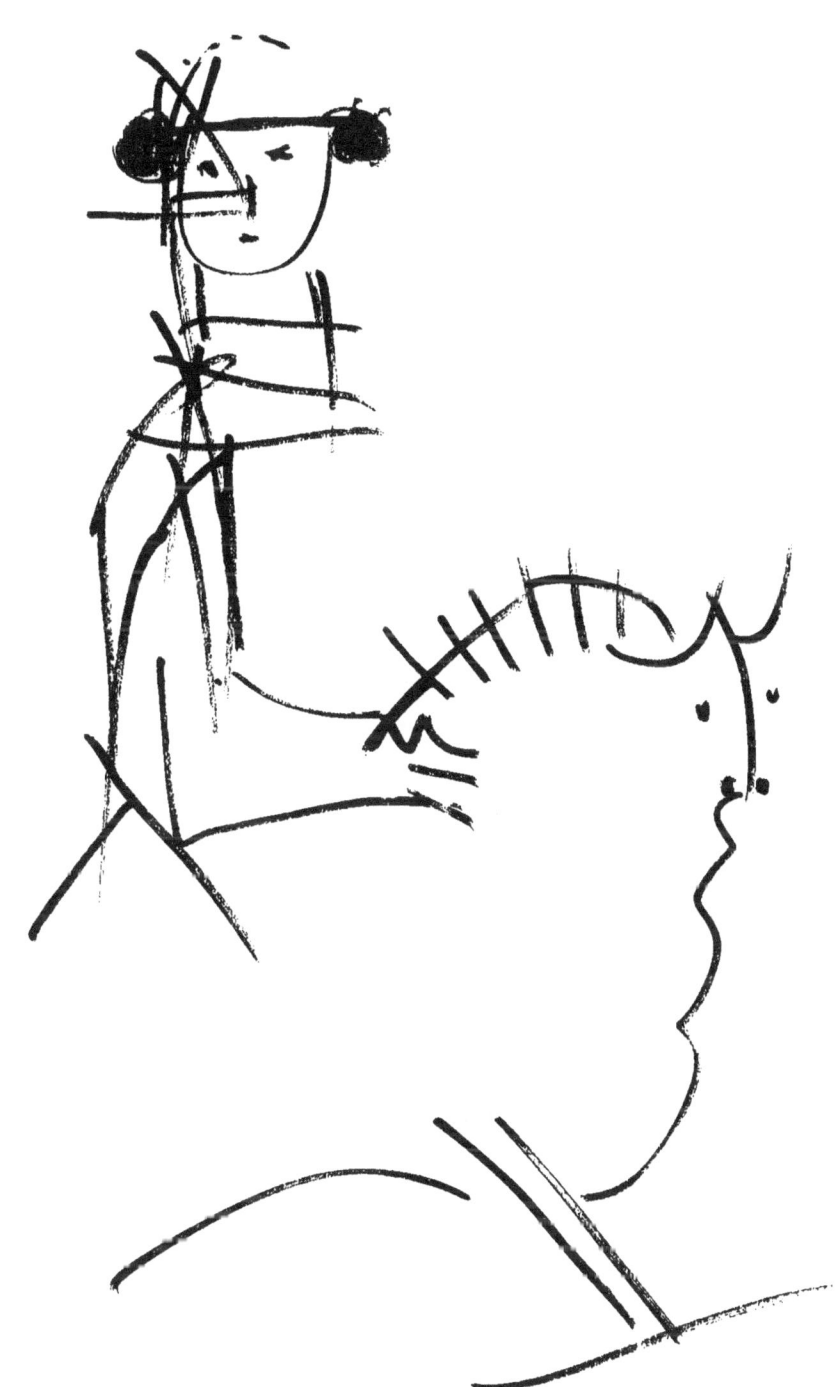

TORO POETA, 1998
Tinta / papel, 29 x 36 cm

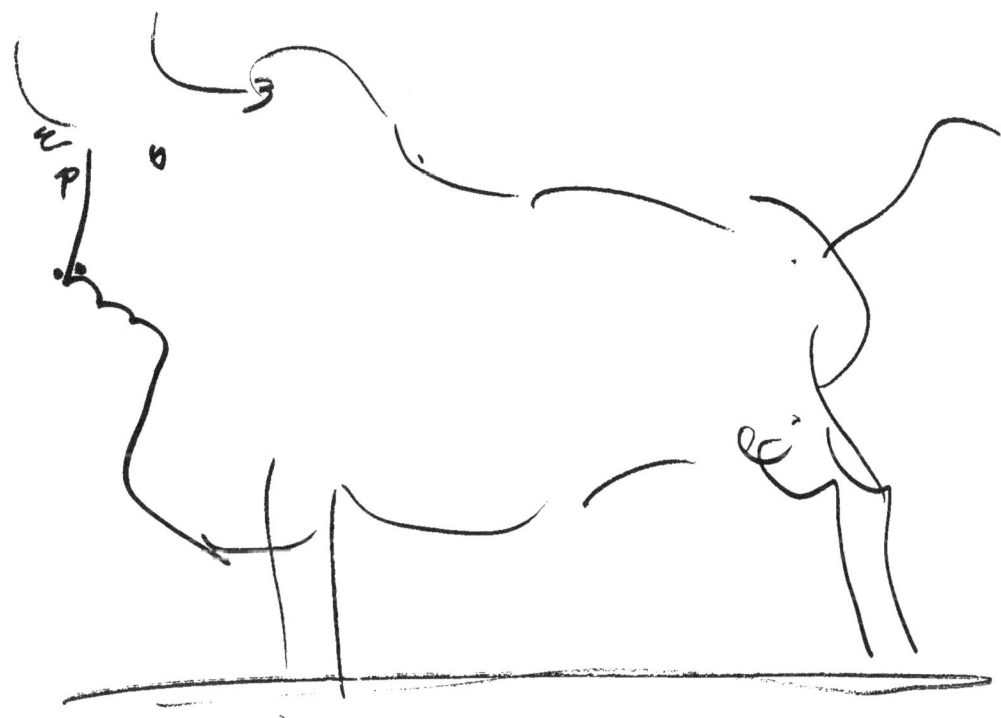

TORO Y FANTASMA, 1998
Tinta / papel, 36 x 29 cm

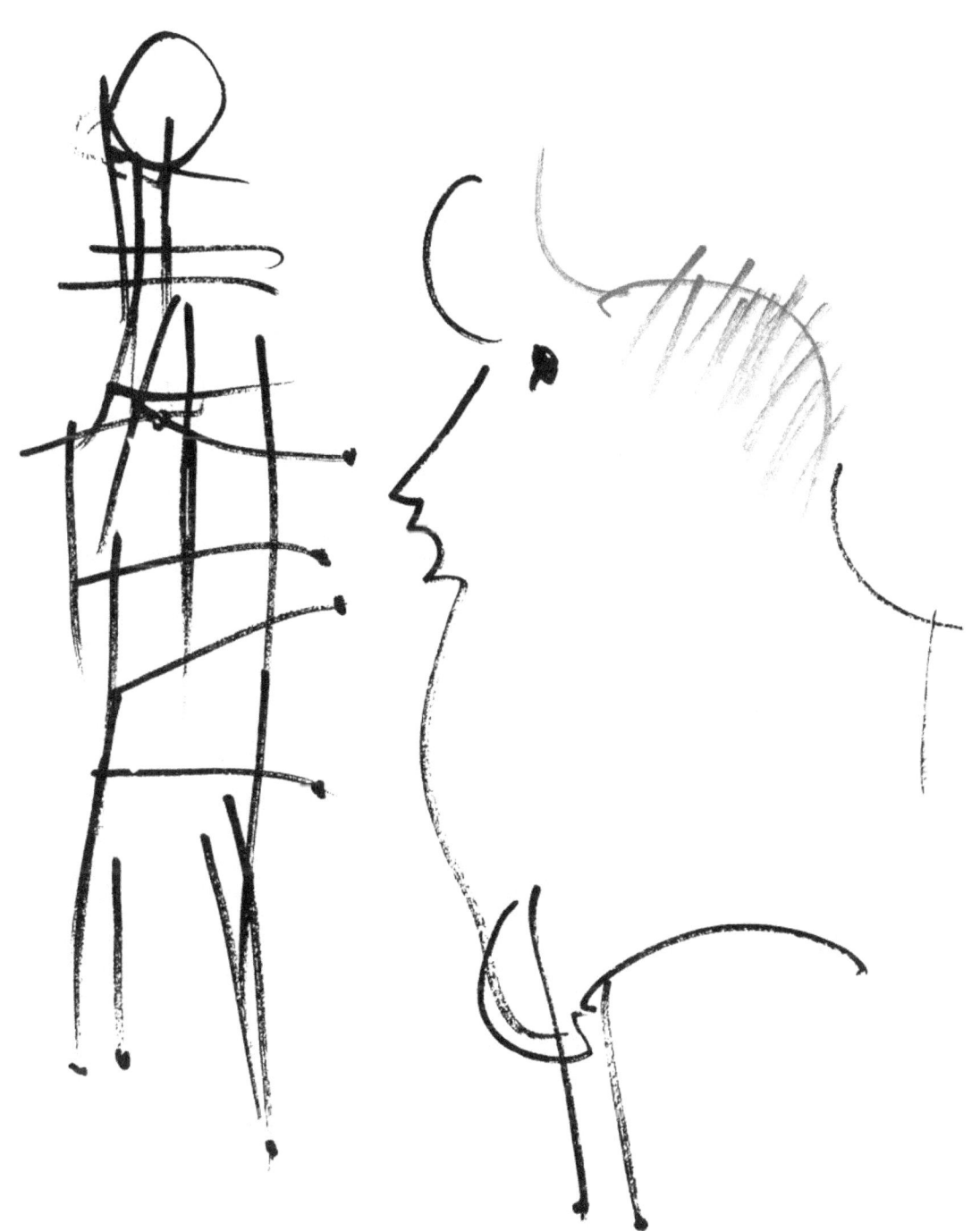

MUJER Y TORO, 1997
Tinta / papel, 29 x 21 cm

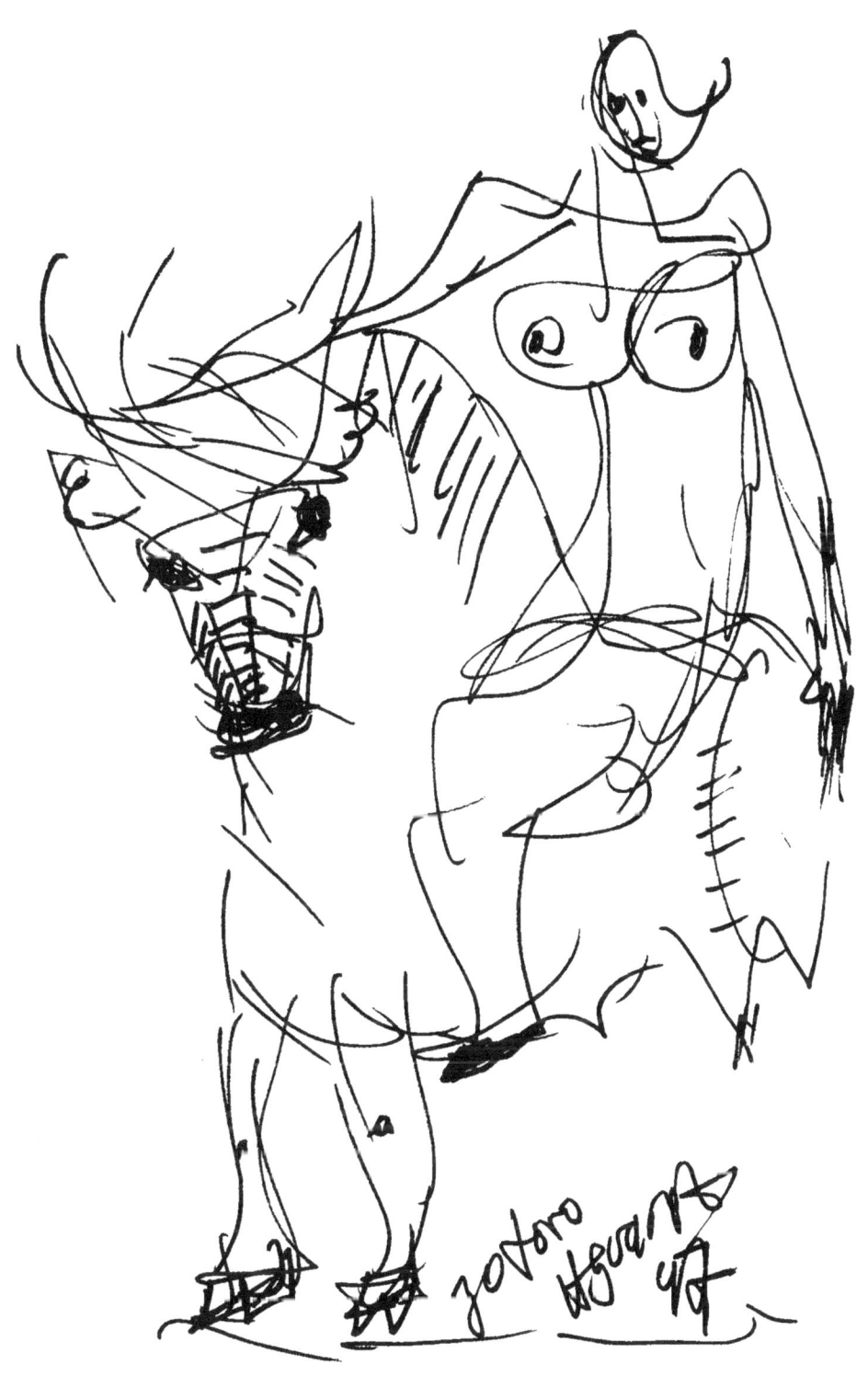

TORO CORRIENDO, 1998
Tinta / papel, 21 x 29 cm

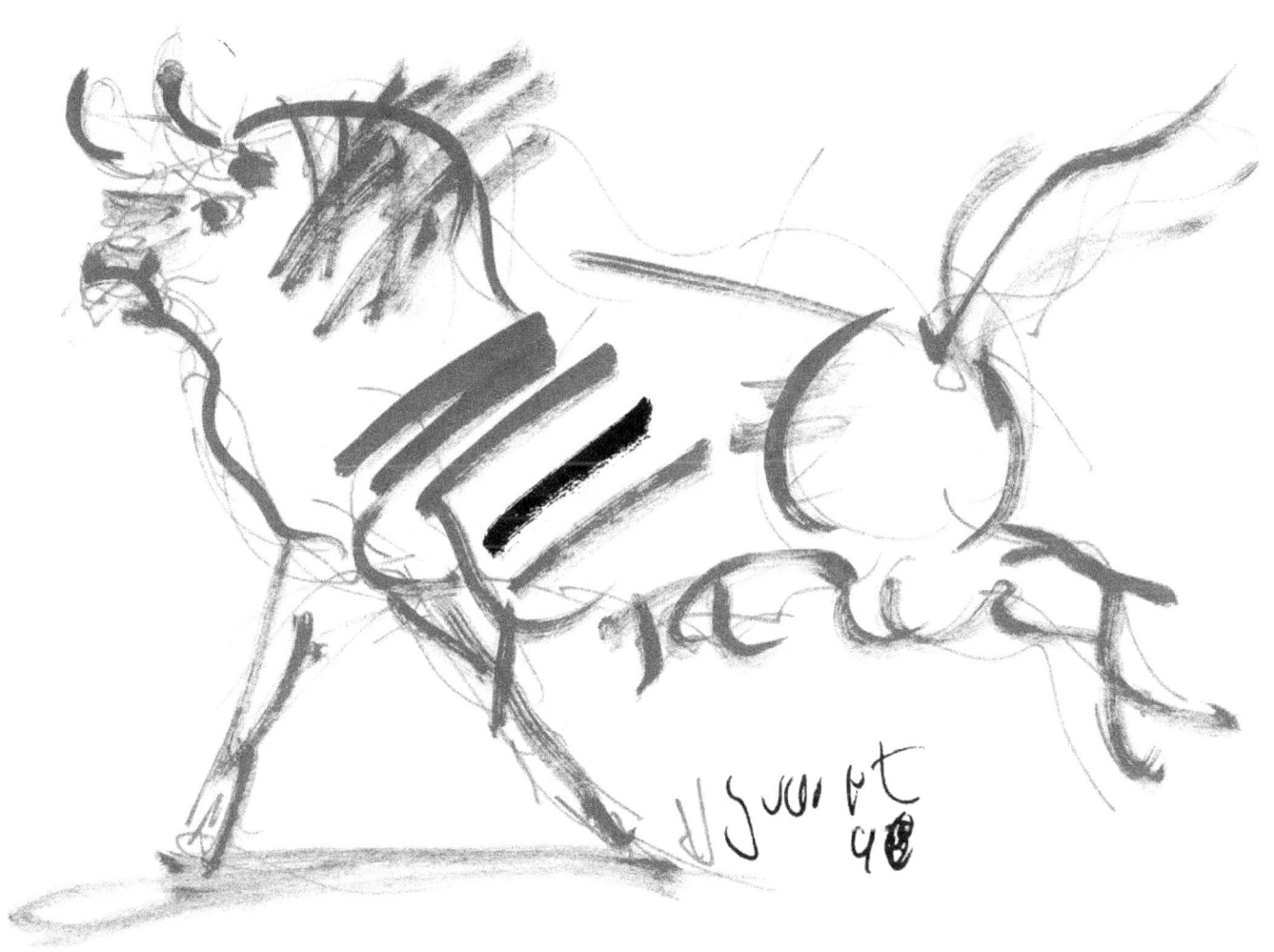

TORO PENSANDO, 1998
Tinta / papel, 29 x 36 cm

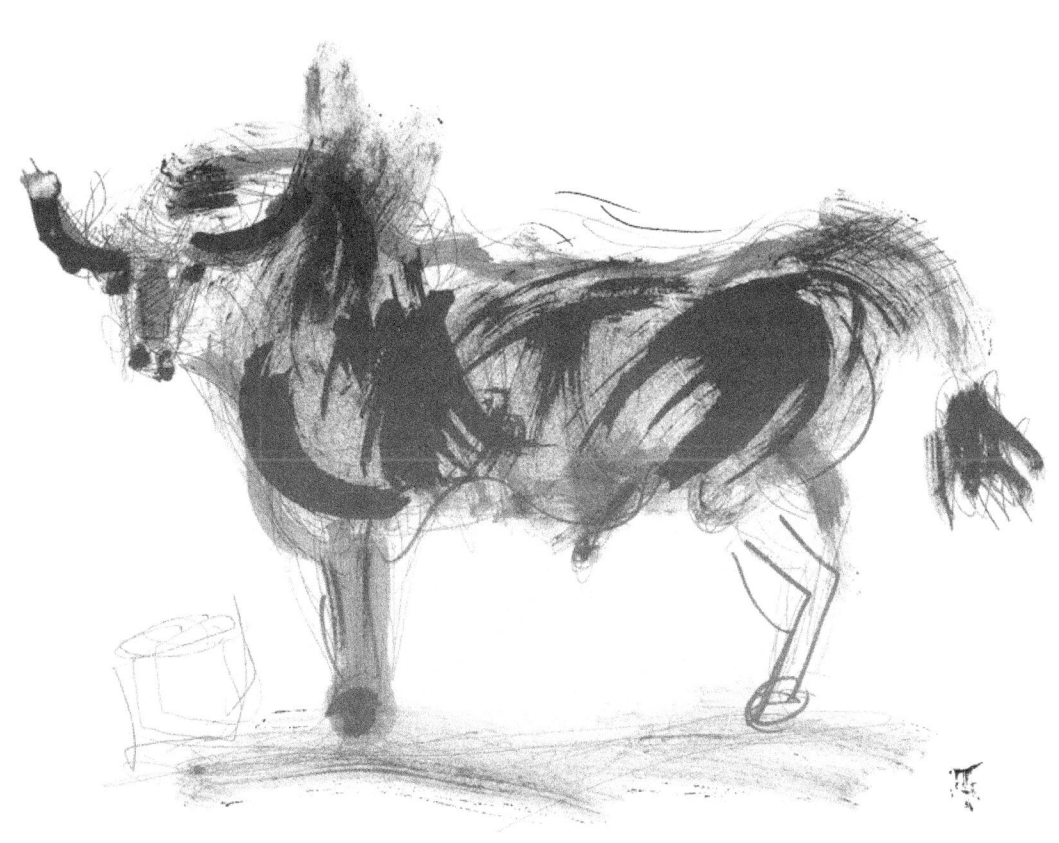

TORO HERMOSO, 1998
Tinta / papel, 29 x 36 era

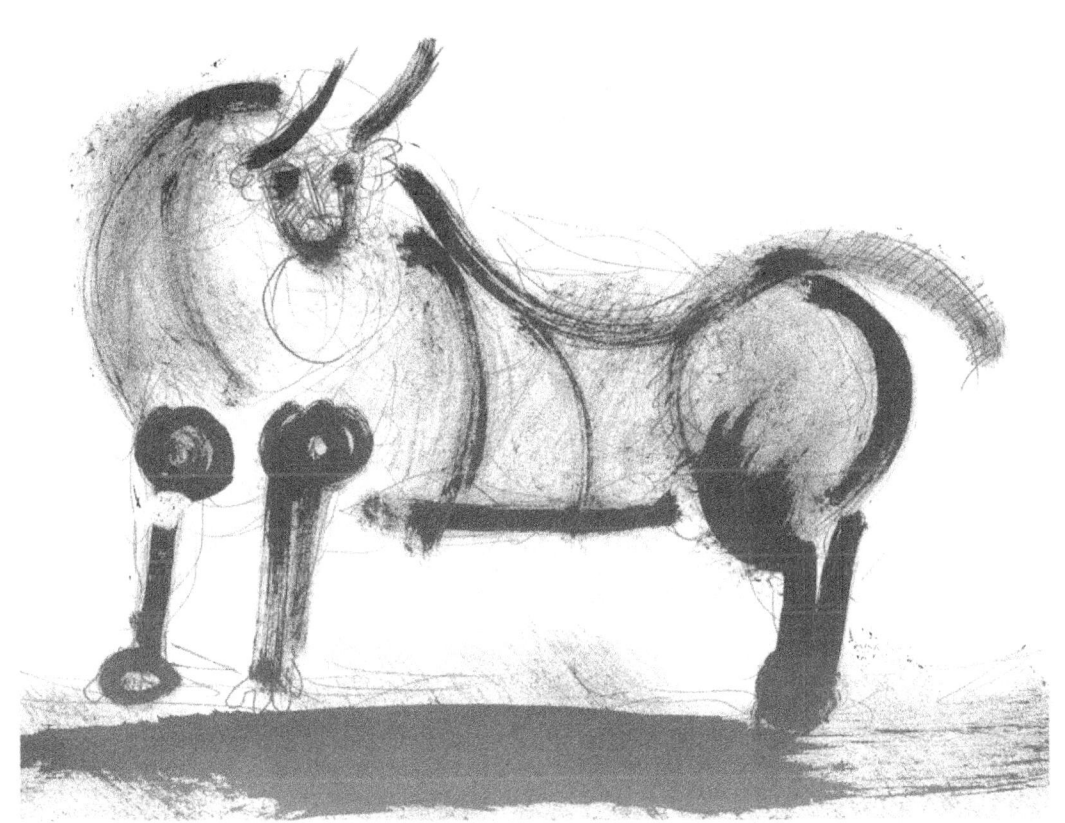

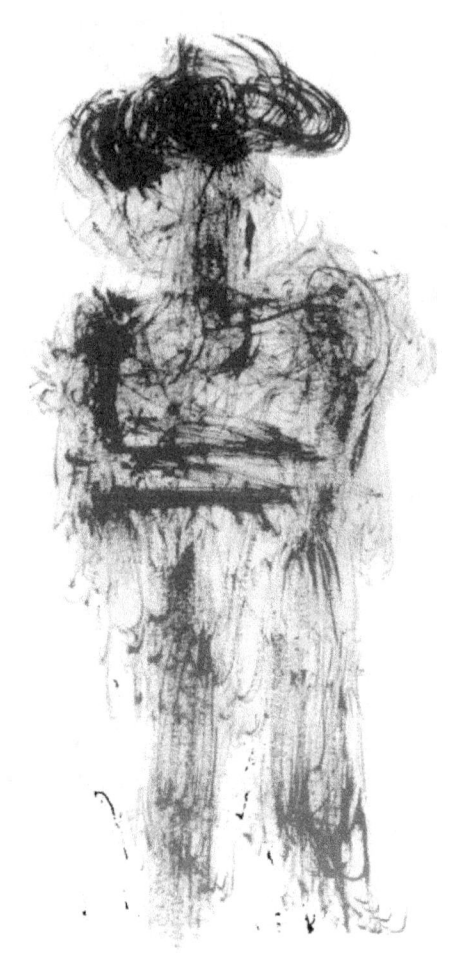

MIS SUEÑOS, 1991
Tinta / papel, 31 x 23 cm

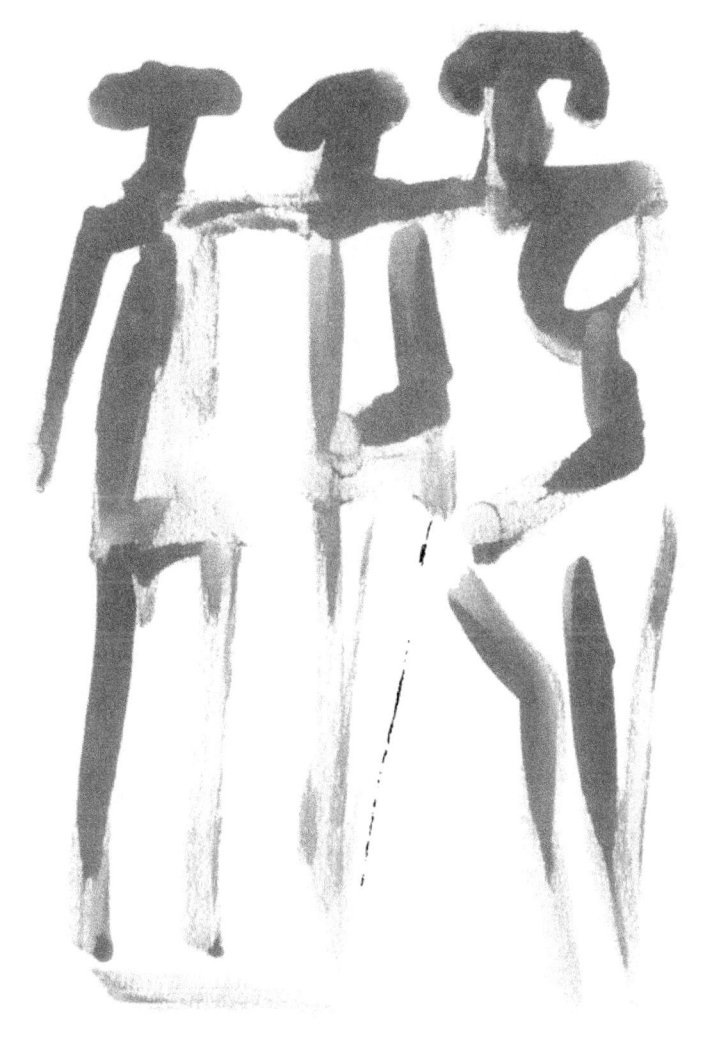

TRES TOREROS, 1991
Tinta / papel, 26 x 20 cm

YO TORERA, 1991
Crayón / papel, 29 x 21 cm

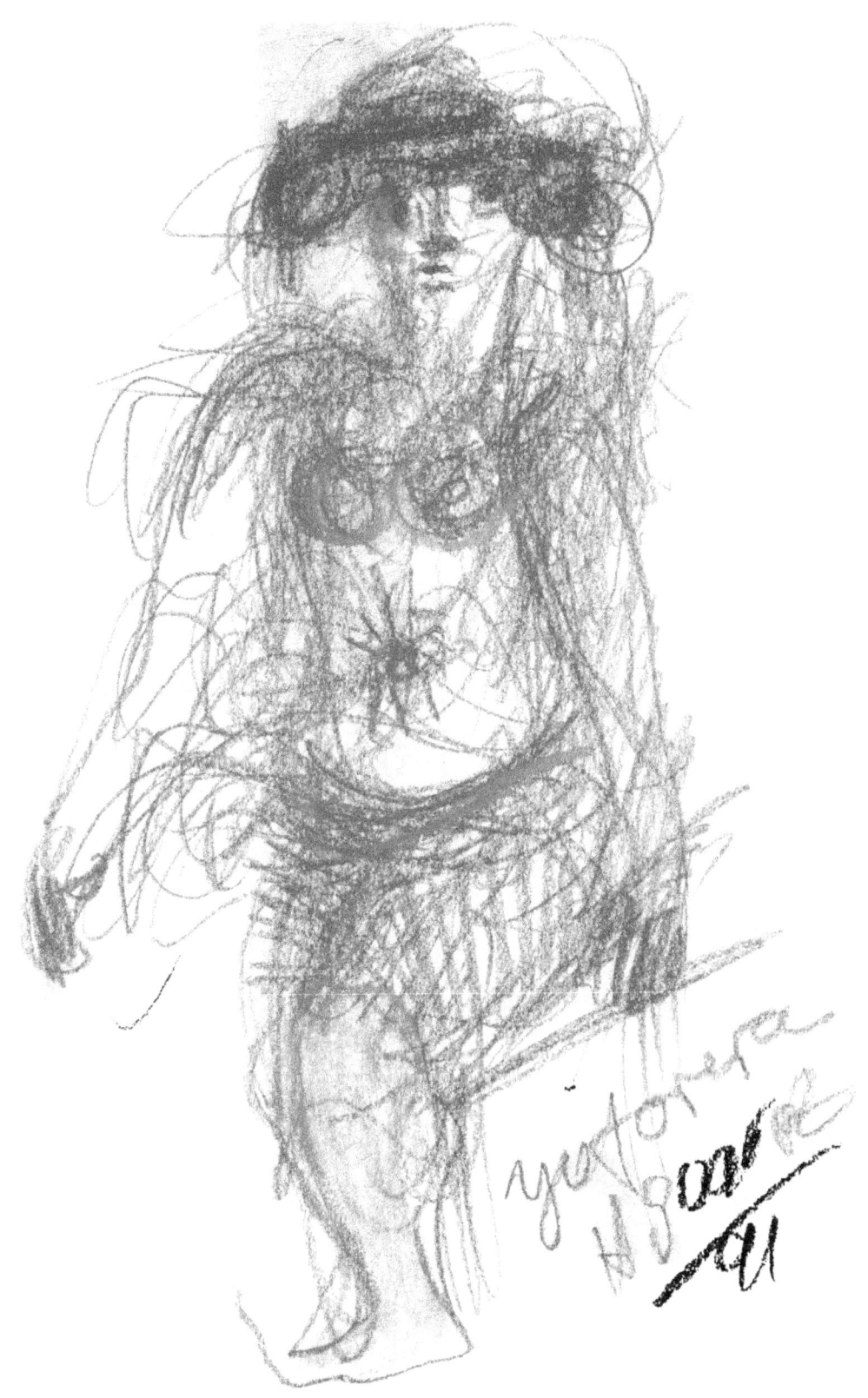

MUJER Y CABILLITO, 1991
Mixta / papel, 22 x 30 cm

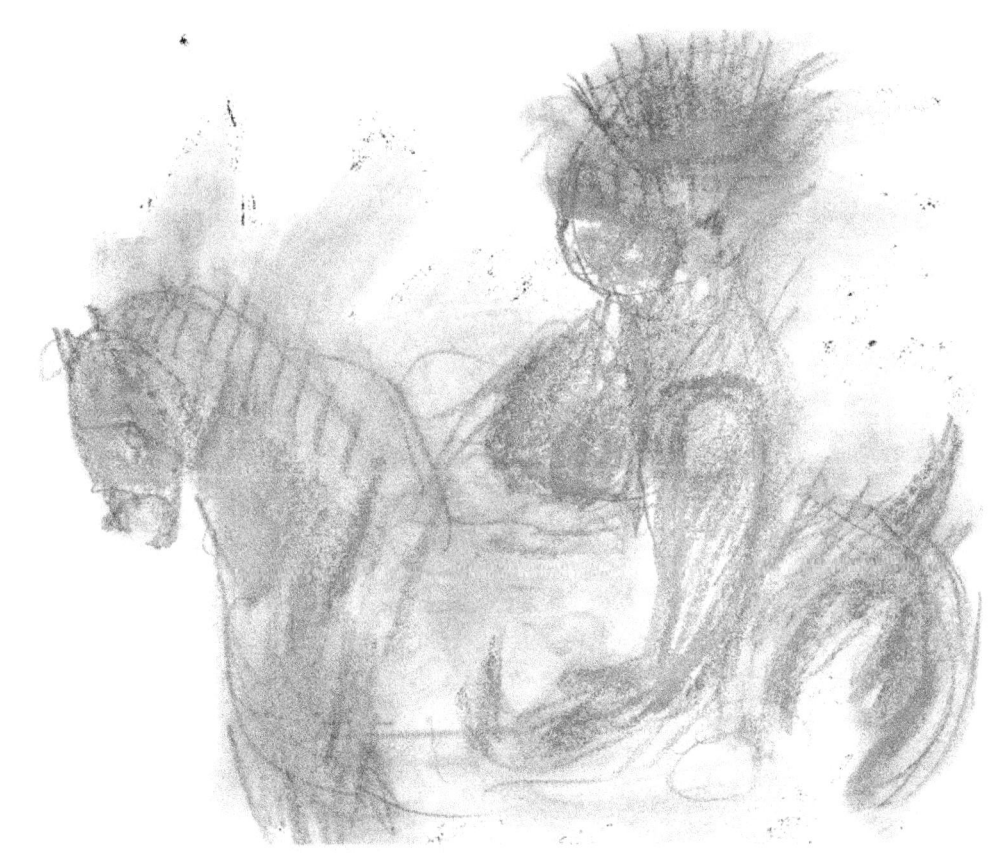

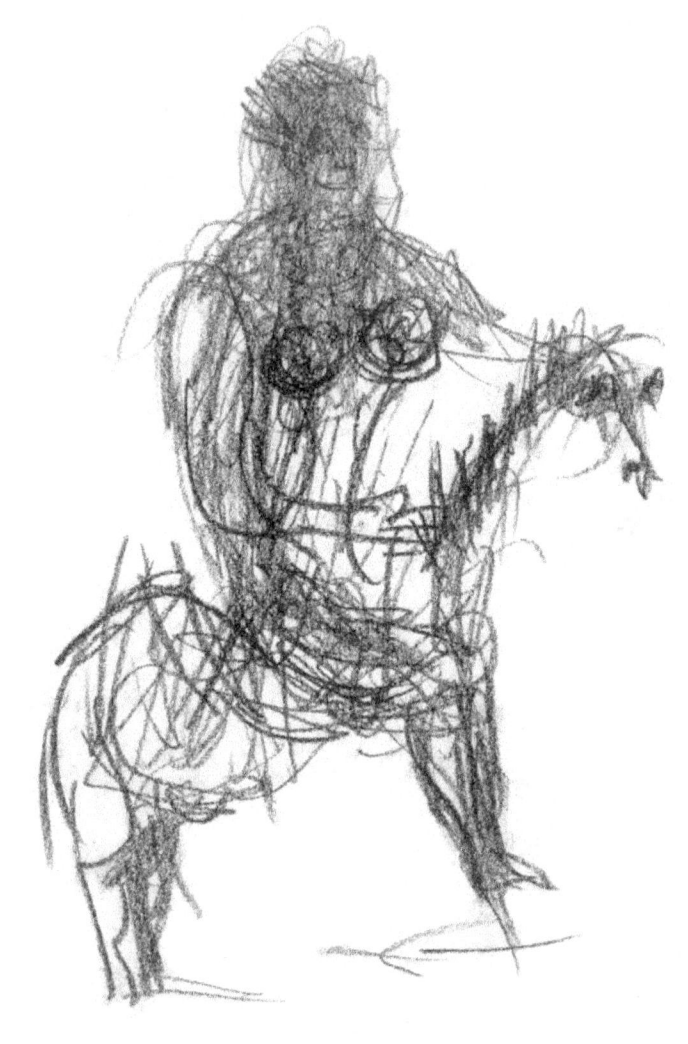

LA ESPERA, 1991
Crayón / papel, 29 x 21 cm

74

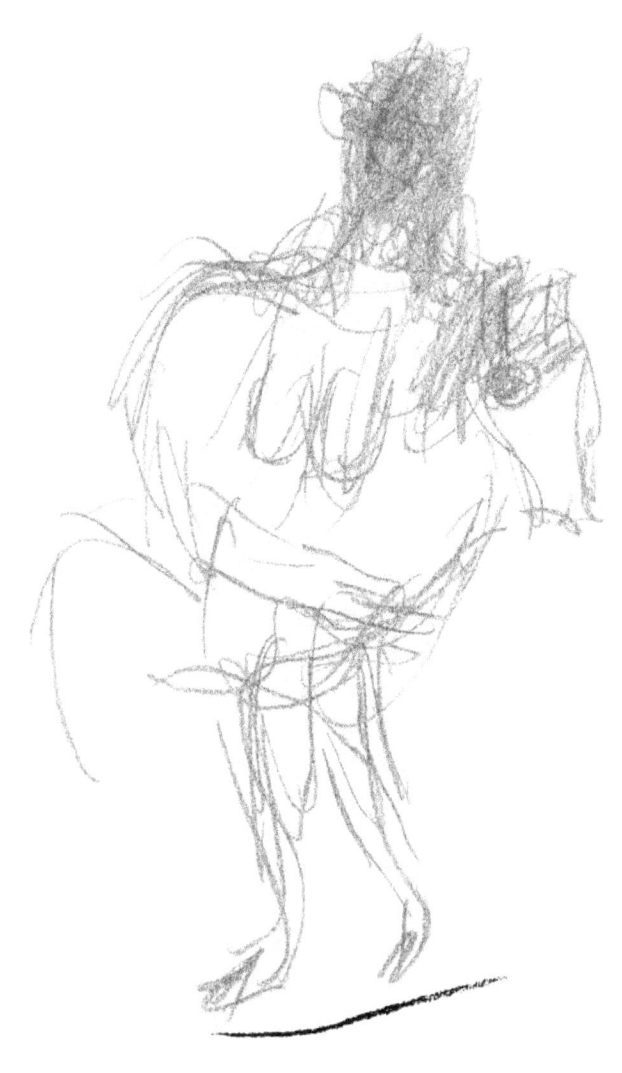

MI CABALLITO Y YO, 1991
Crayón / papel, 29 x 21 cm

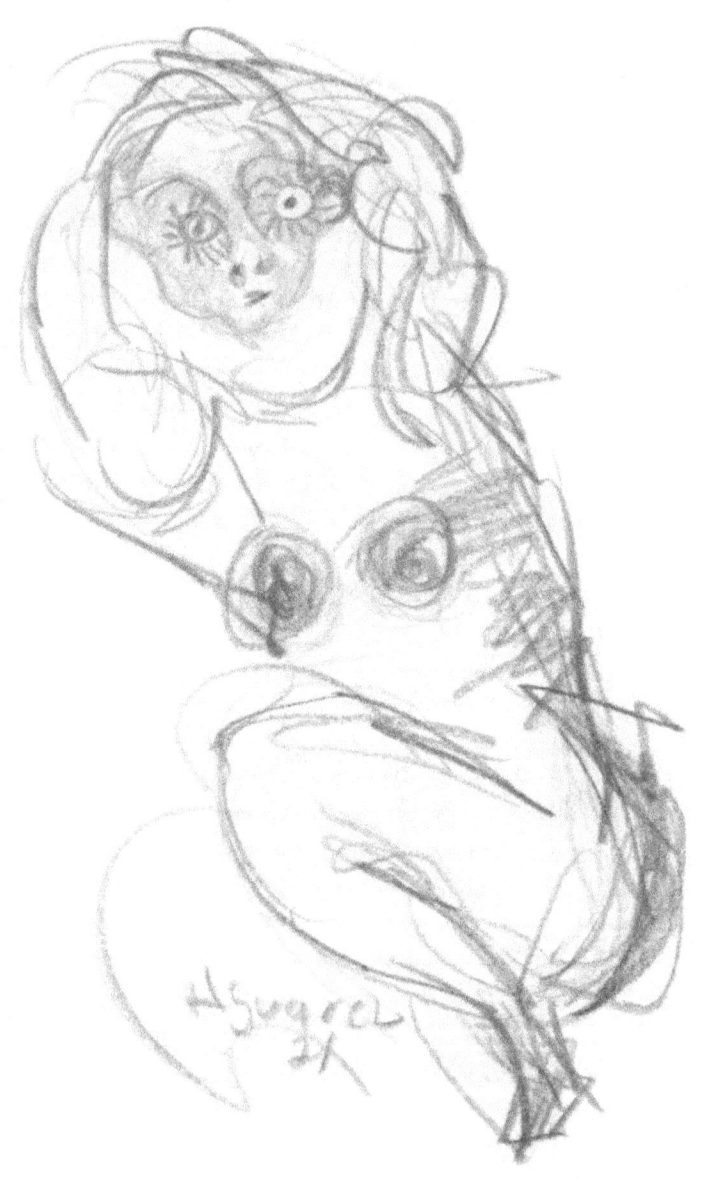

MEDITACIÓN, 1971
Lápiz / papel, 23 x 15 cm

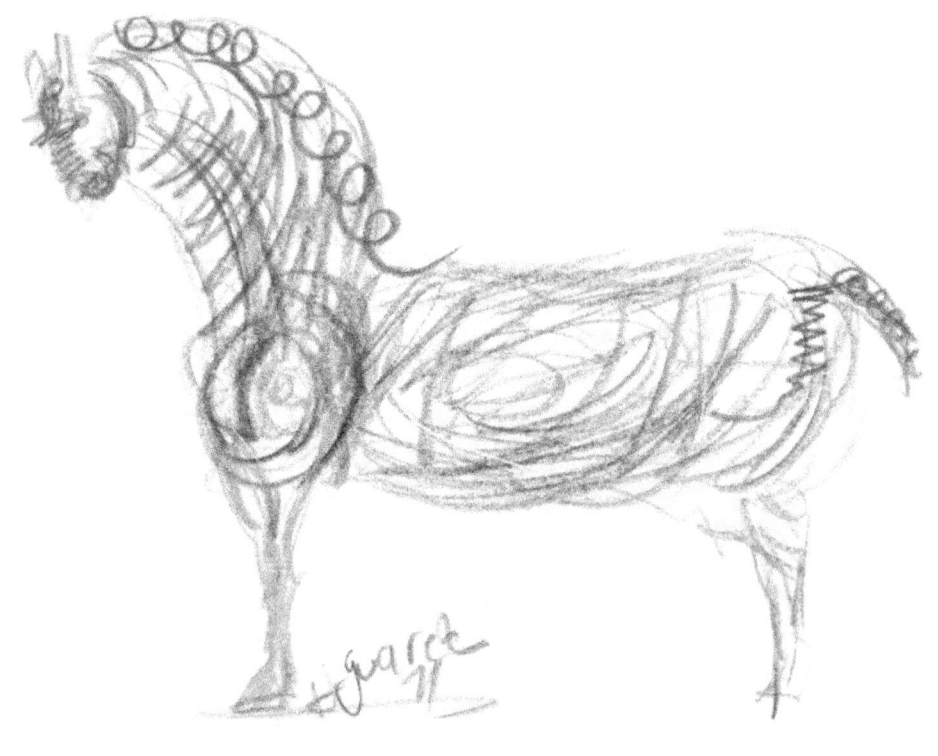

CABALLO EN DESCANSO, 1971
Lápiz / papel, 15 x 23 cm

MUJER Y CABALLO, 1985
Tinta / papel, 23 x 31 cm

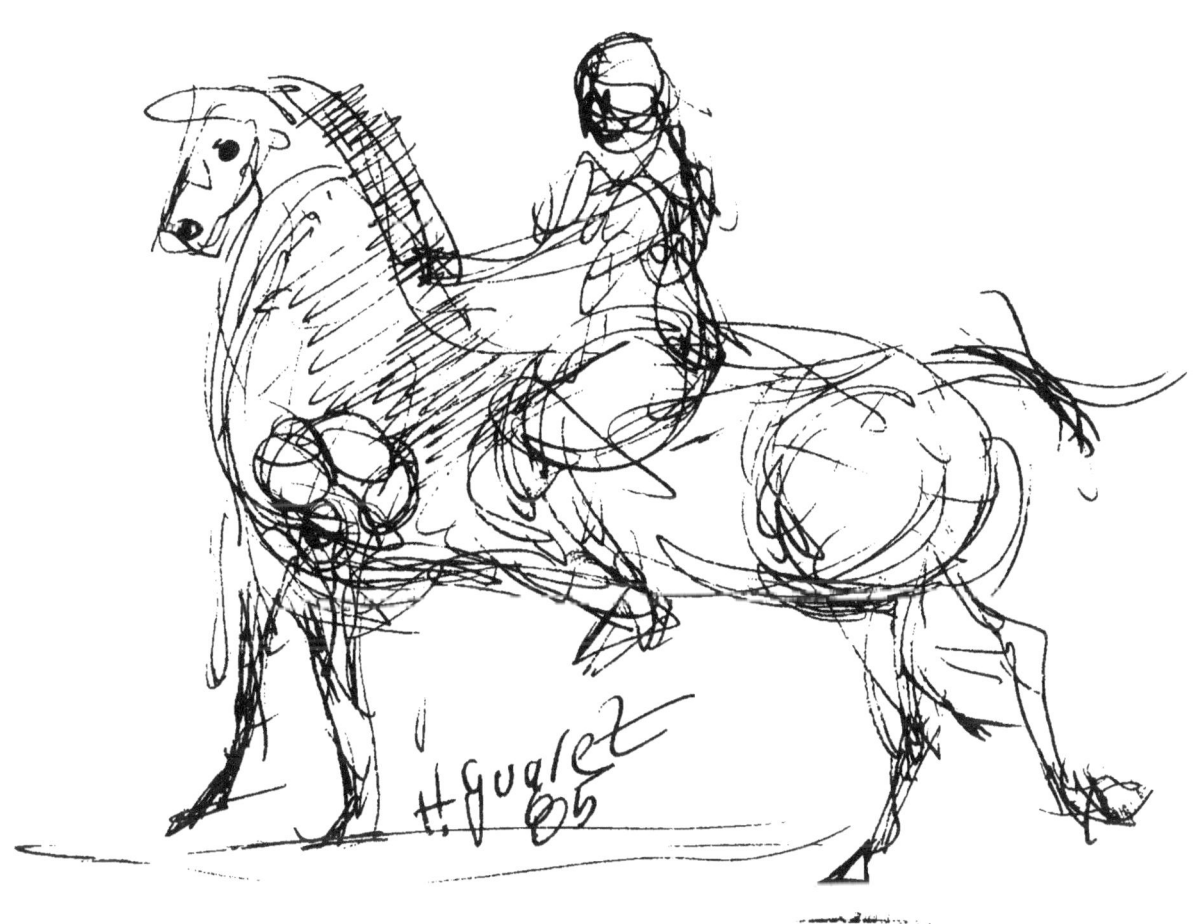

MUJERES PLATICANDO, 1985
Tinta / papel, 23 x 31 cm

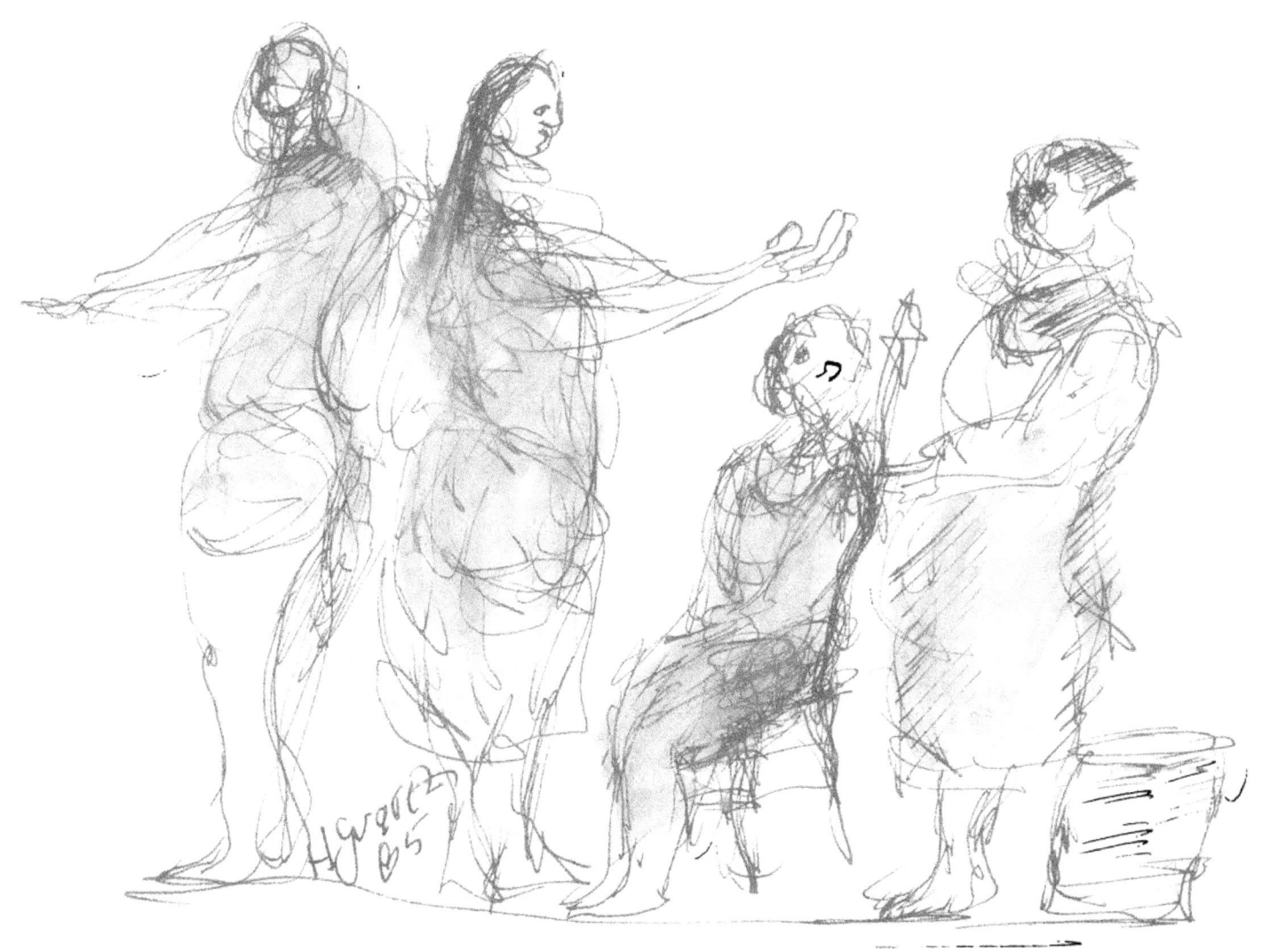

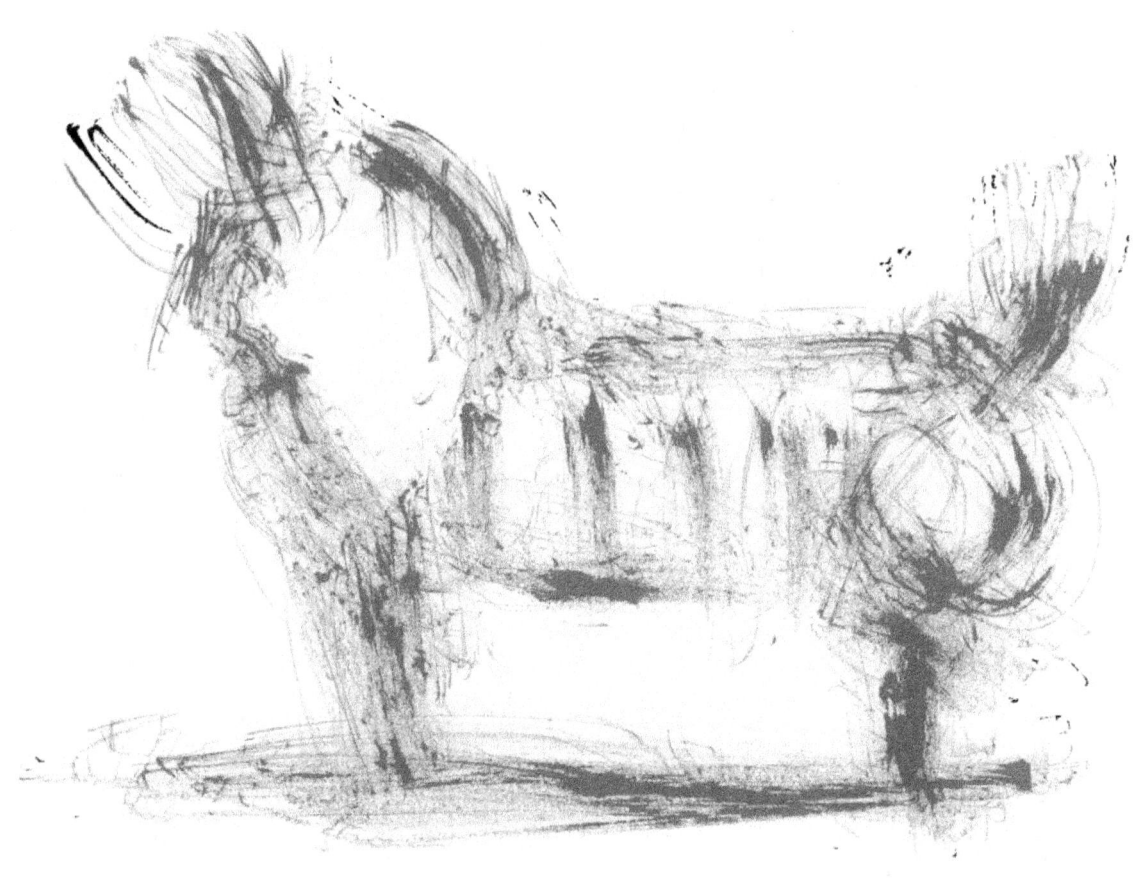

EL BRAVO, 1997
Tinta / papel, 29 x 36 cm

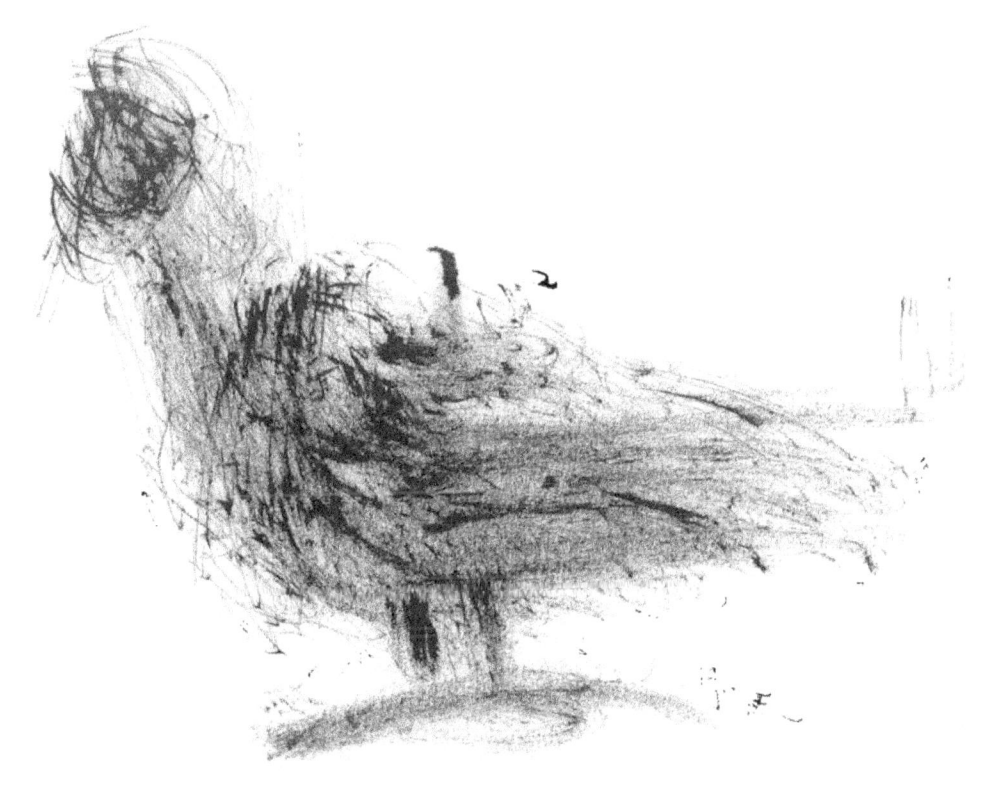

MI PALOMA, 1997
Tinta / papel, 29 x 36 cm

NIÑO FELIZ, 1997
Tinta / papel, 36 x 29 cm

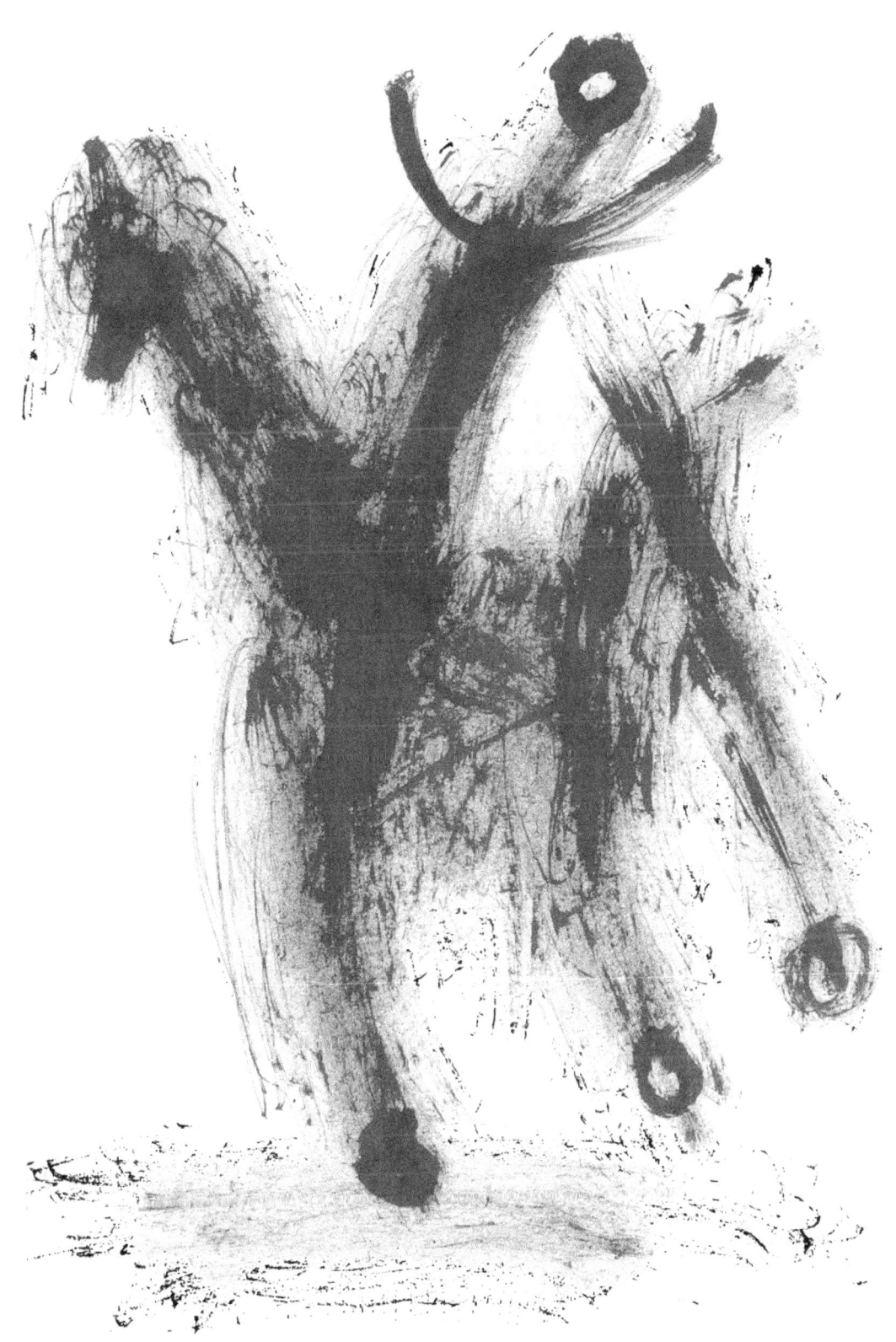

YO PUEDO, 1997
Tinta / papel, 23 x 31 cm

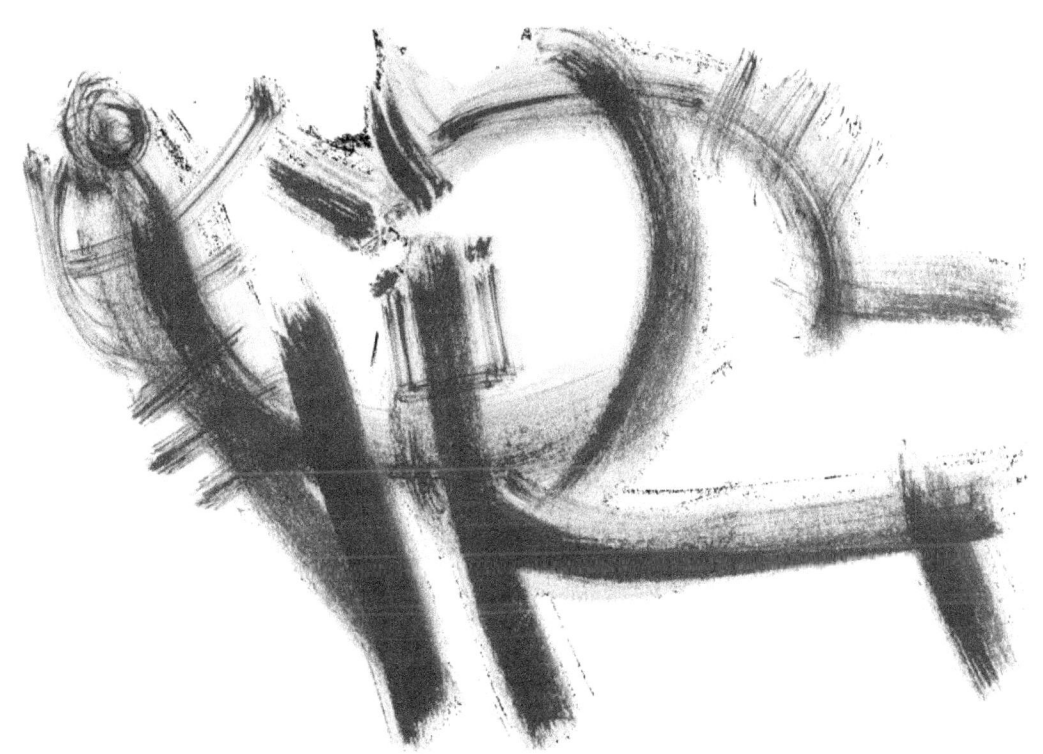

YO SAGITARIO, 1997
Tinta / papel, 23 x 31 cm

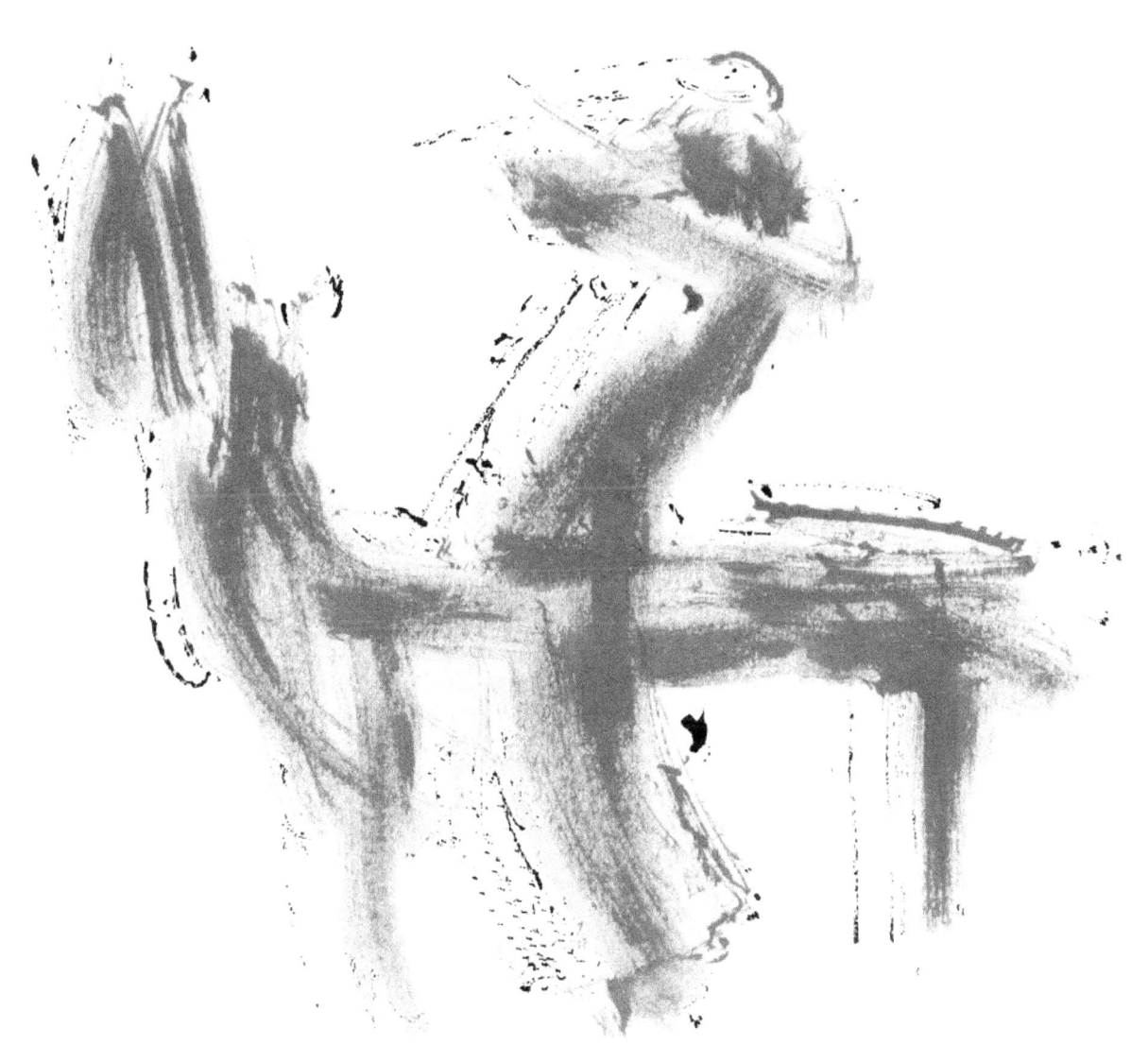

CITANDO, 1980
Tinta / papel, 23 x 29 cm

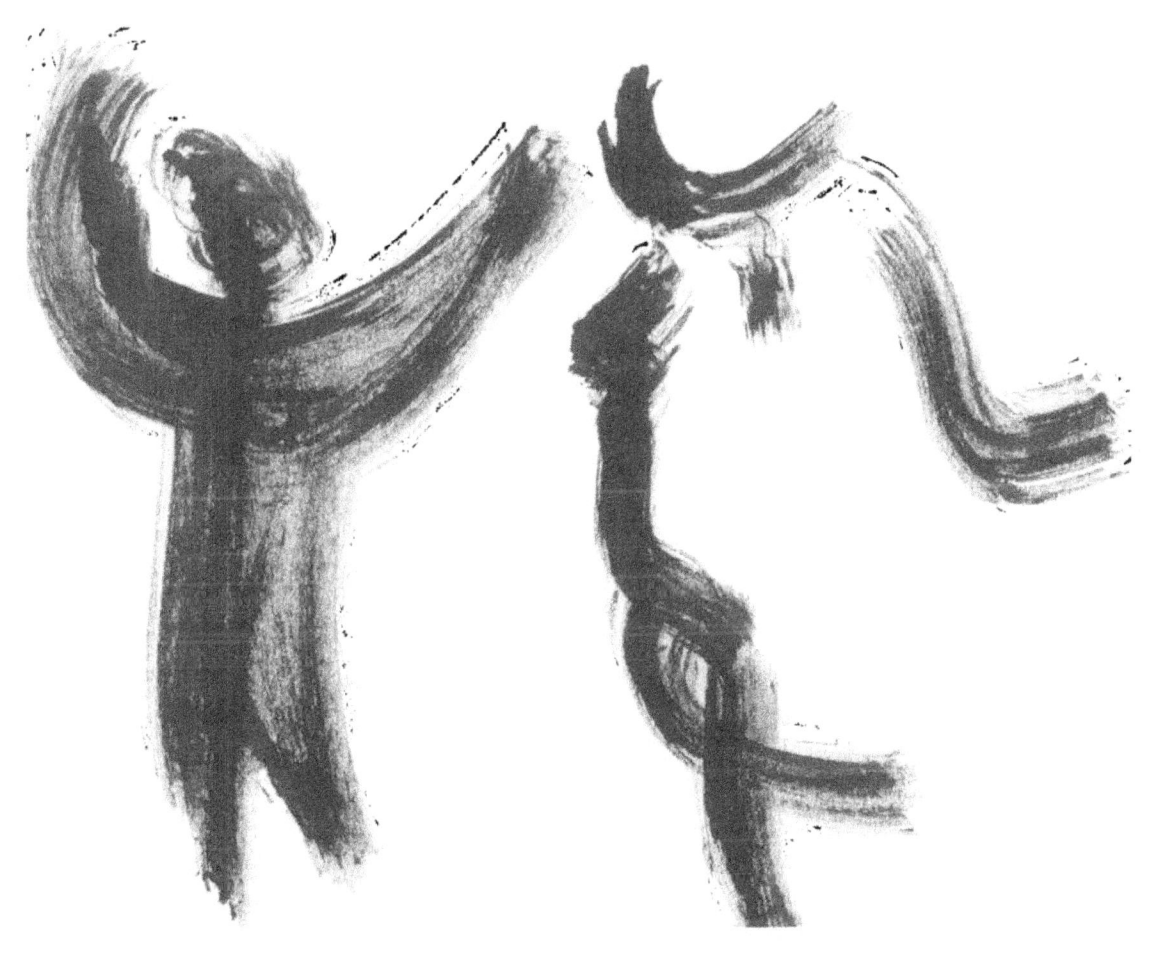

YO GRECIA, 1997
Tinta / papel, 23 x 31 cm

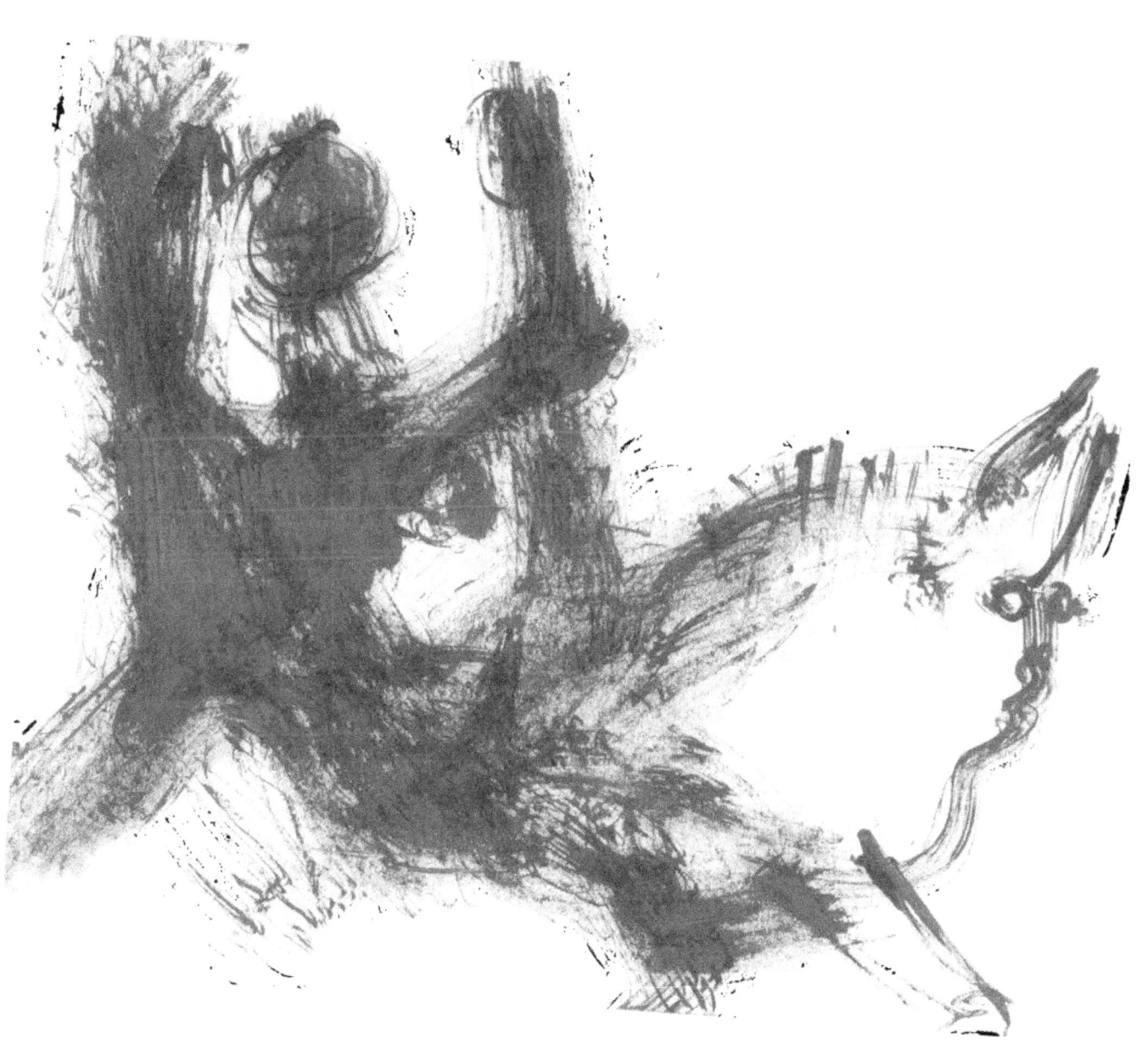

TAURO Y YO, 1985
Tinta / papel, 31 x 46 cm

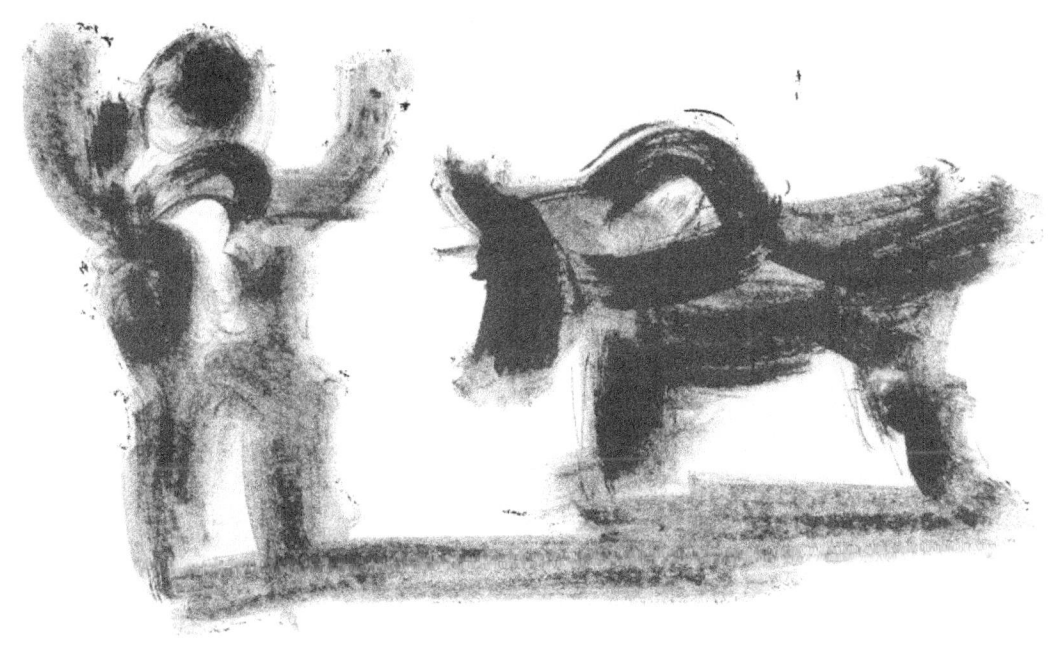

MI NEGRO Y YO, 1987
Tinta / papel, 36 x 29 cm

96

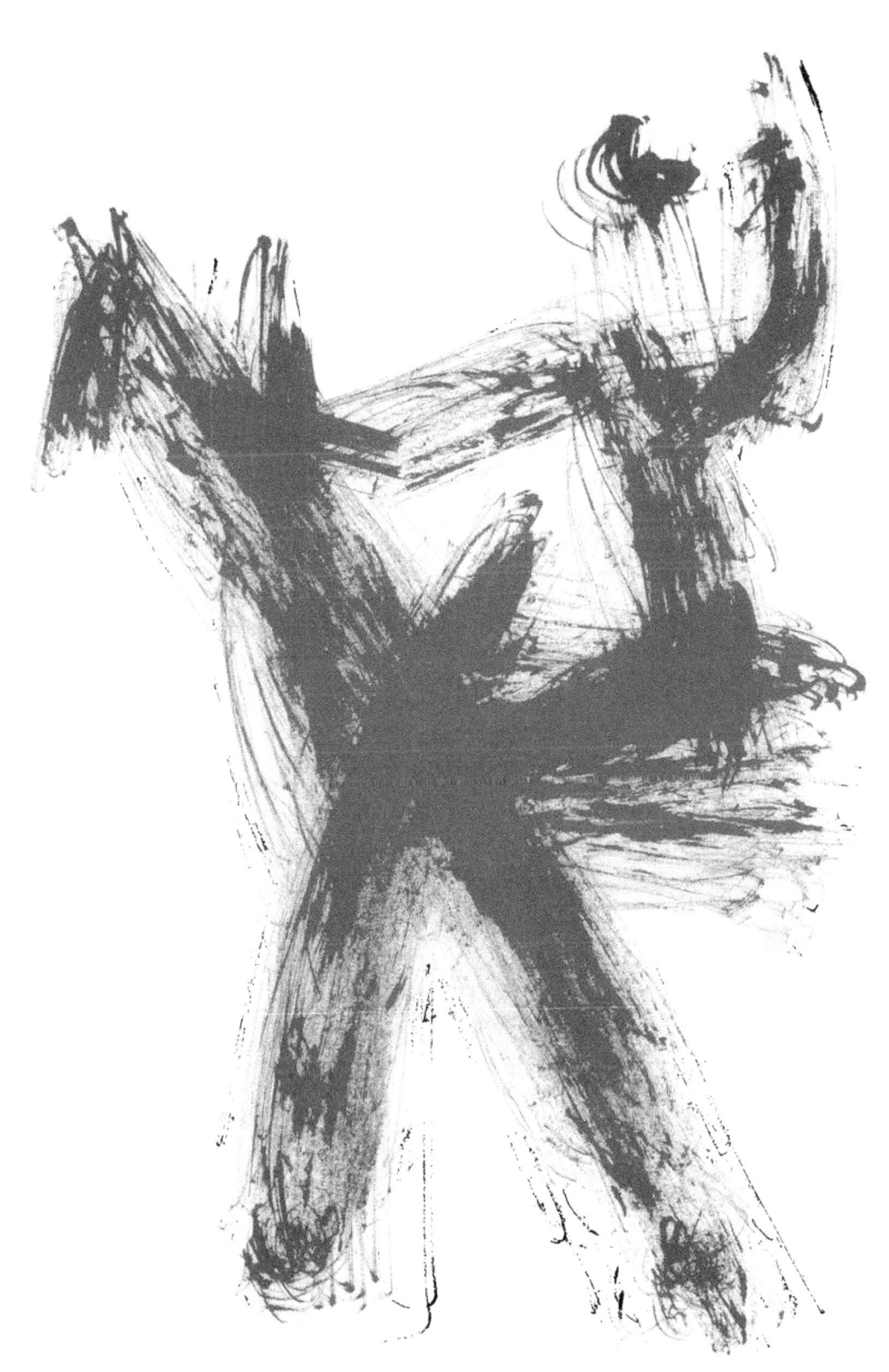

LOS TRES, 1987
Tinta / papel, 31 x 46 cm

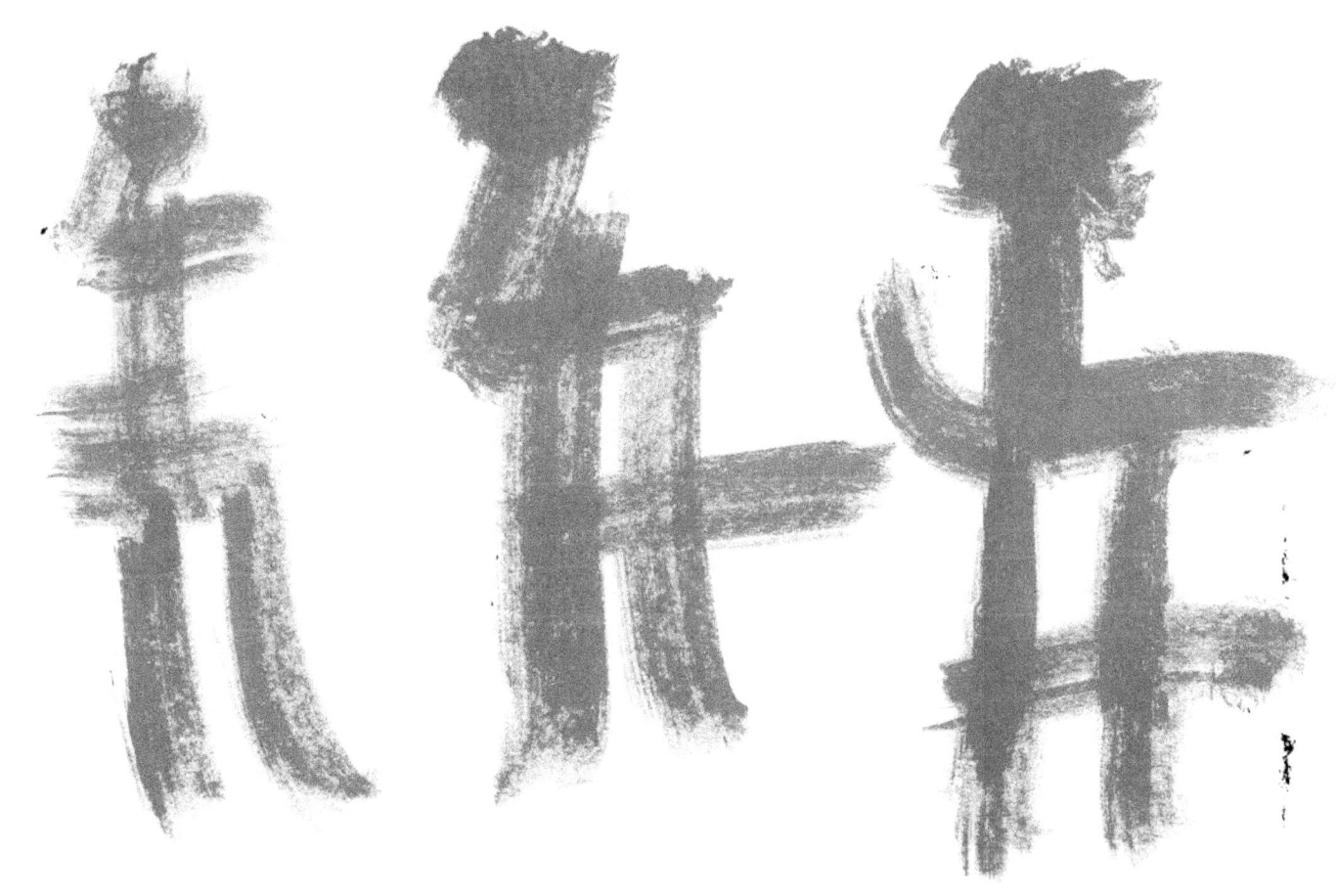

CABALLO Y NIÑA, 1986
Tinta / papel, 36 x 44 cm

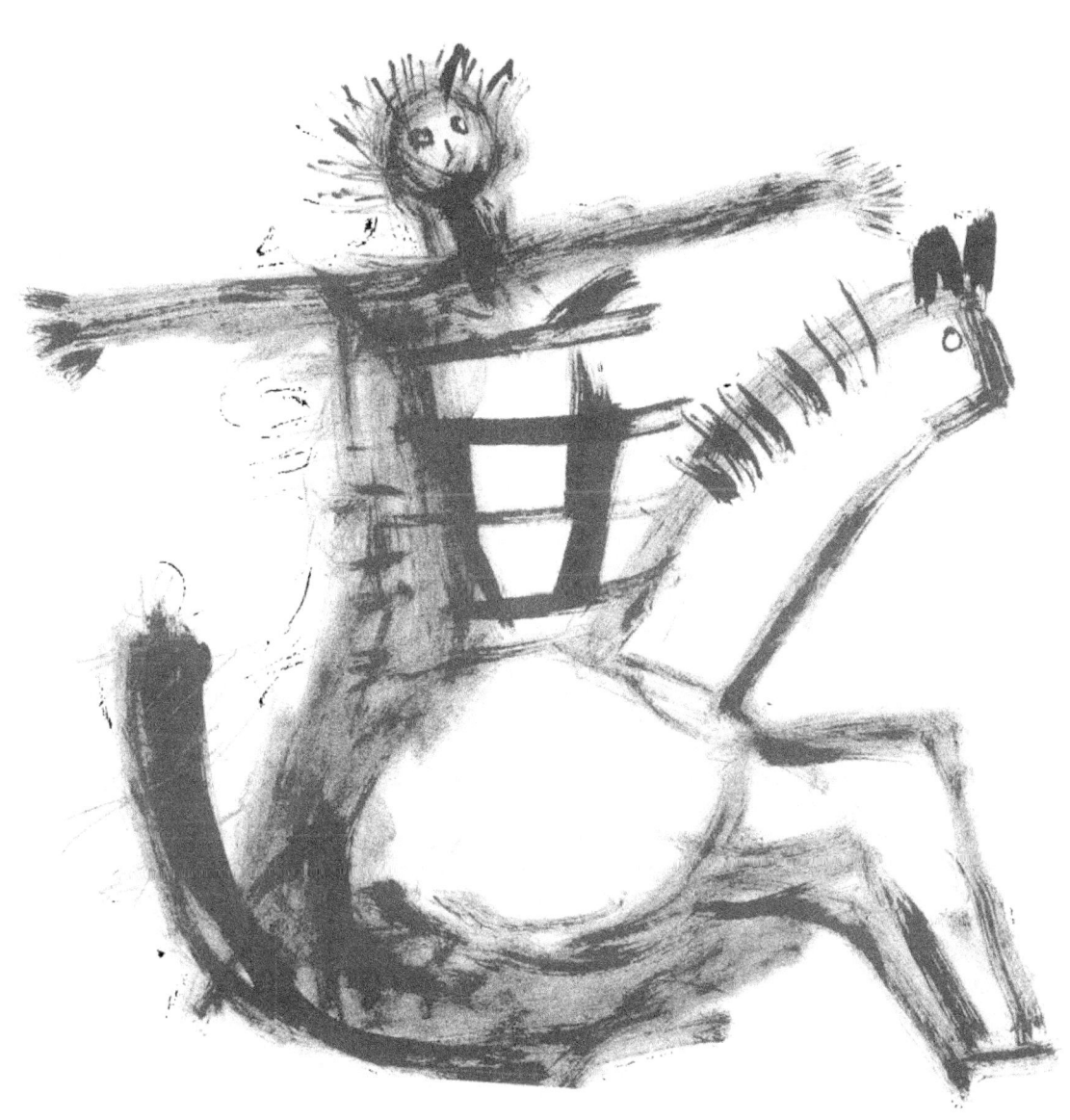

LA SOMBRA DE TAURO, 1998
Tinta / papel, 23 x 30 cm

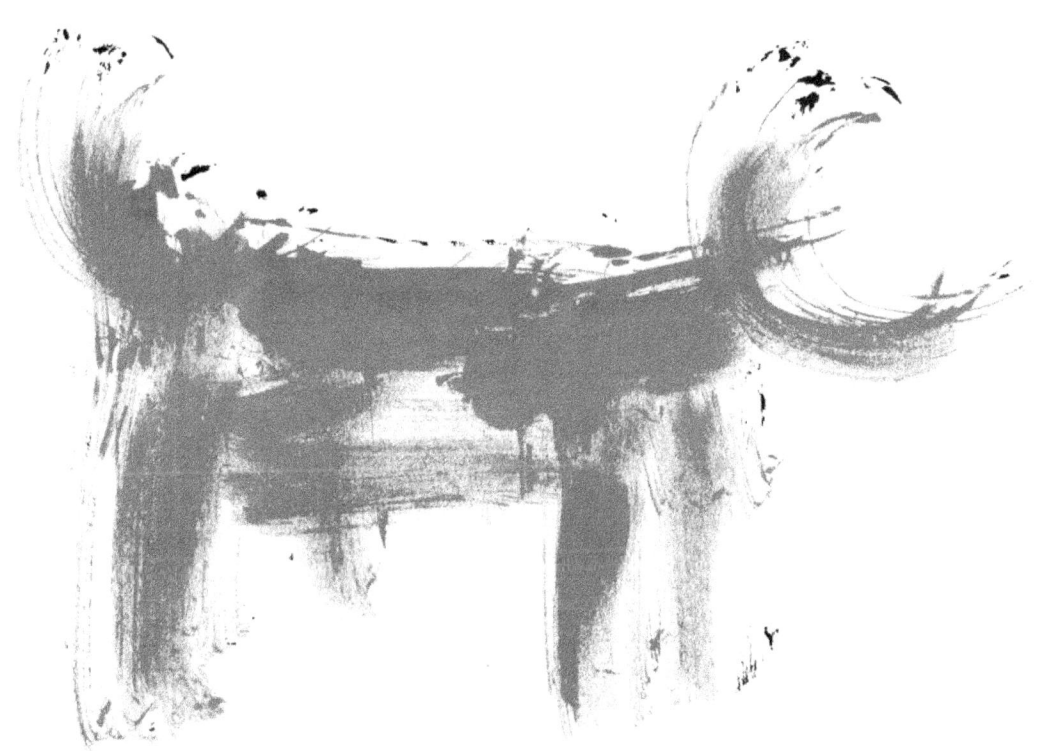

YO AMERICA, 1986
Tinta / papel, 24 x 30 cm

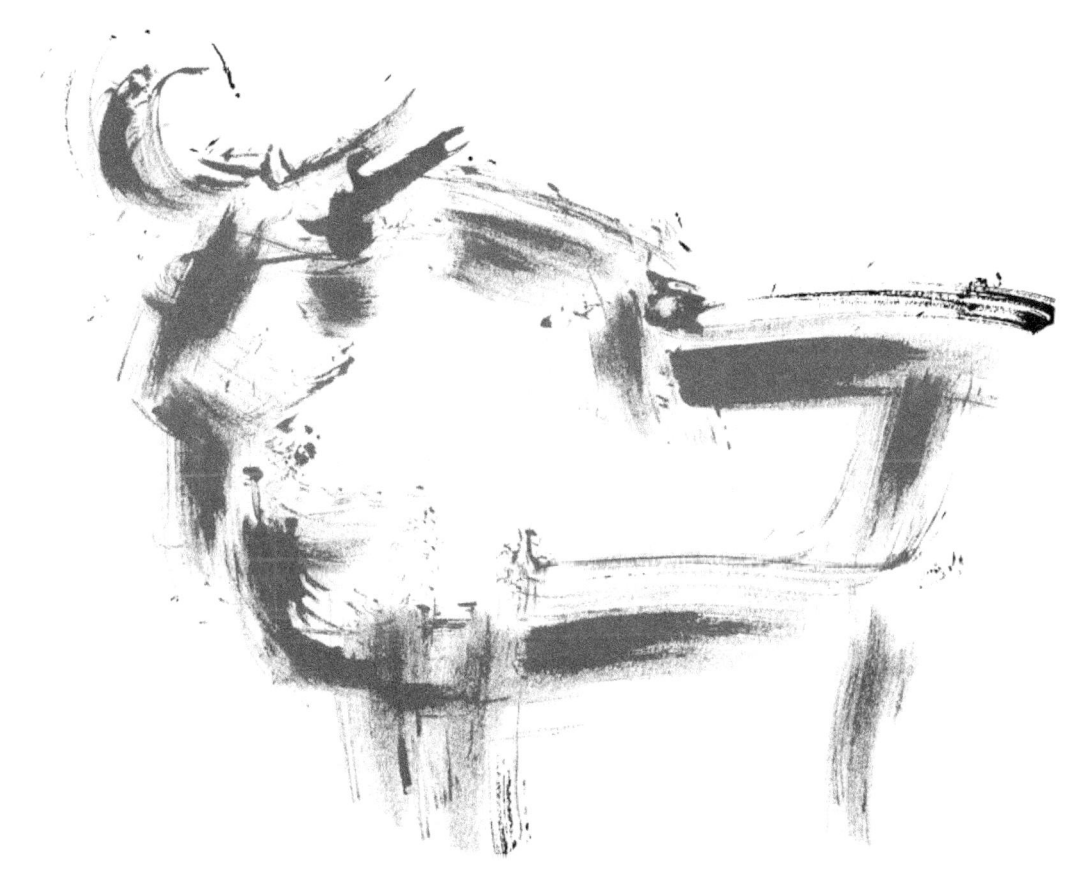

ÉQUUS NEGRO, 1986
Tinta / papel, 36 x 29 cm

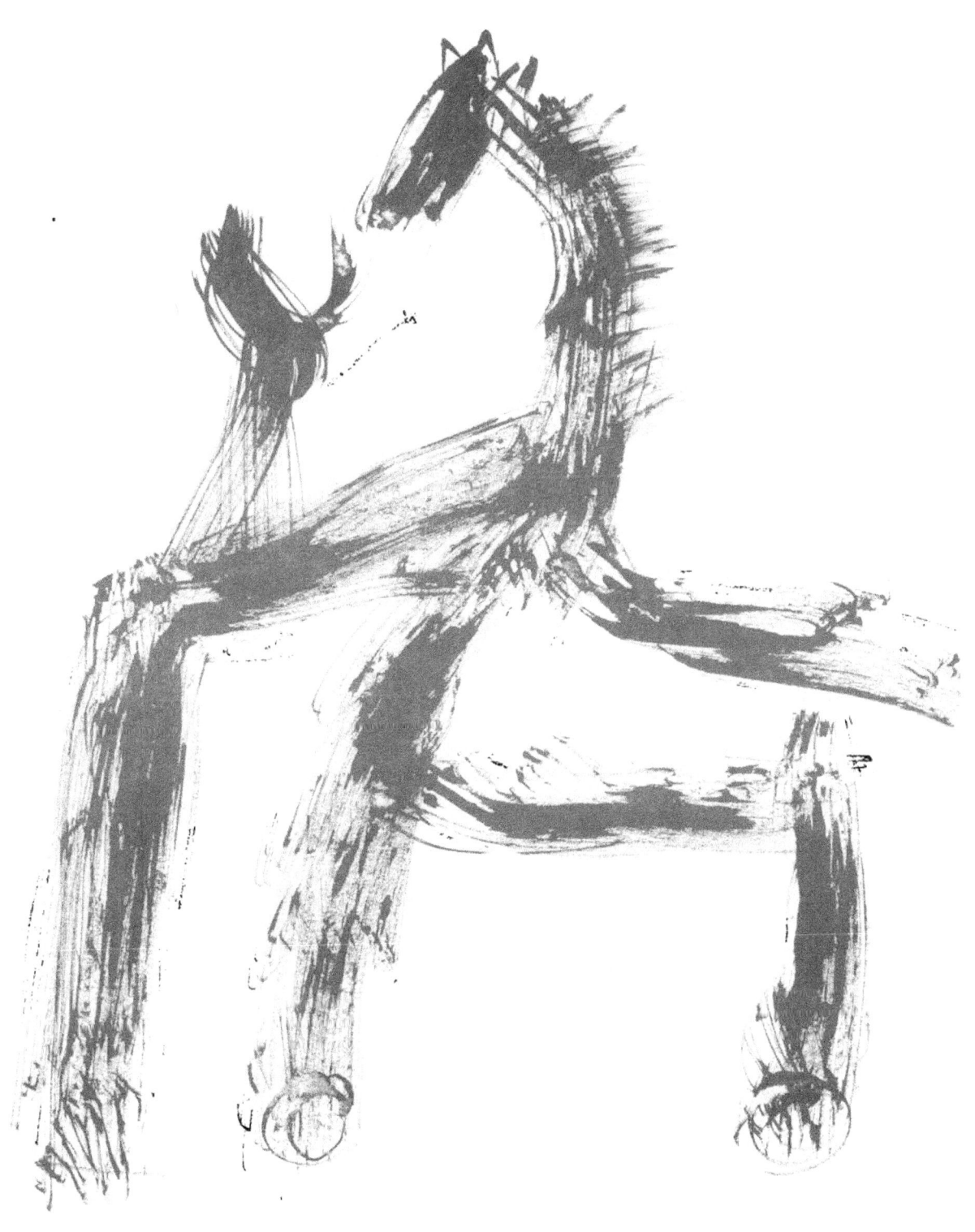

YO PISCIS, 1986
Tinta / papel, 23 x 31 cm

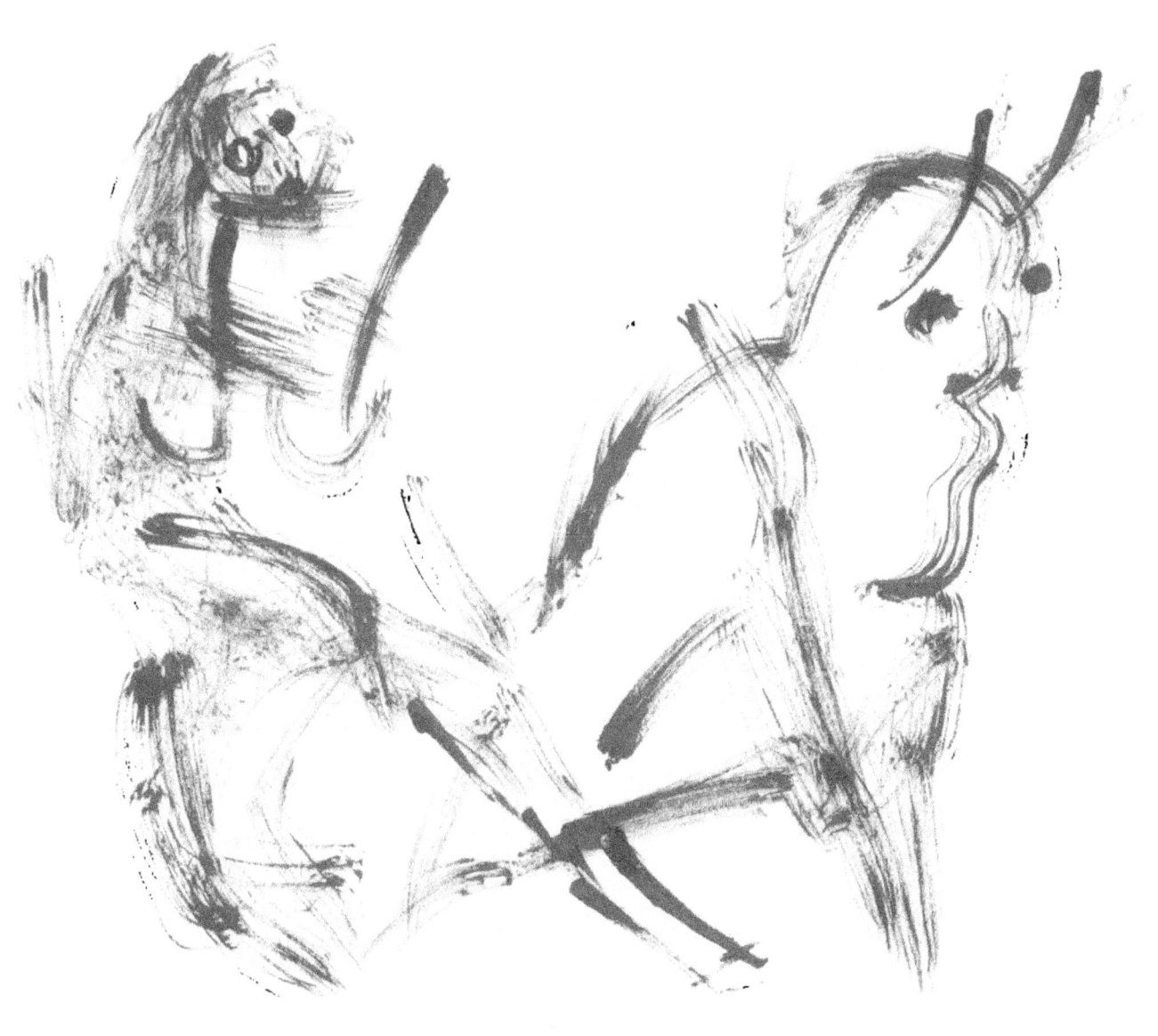

DOS HERMANAS, 1987
Tinta / papel, 24 x 30 cm

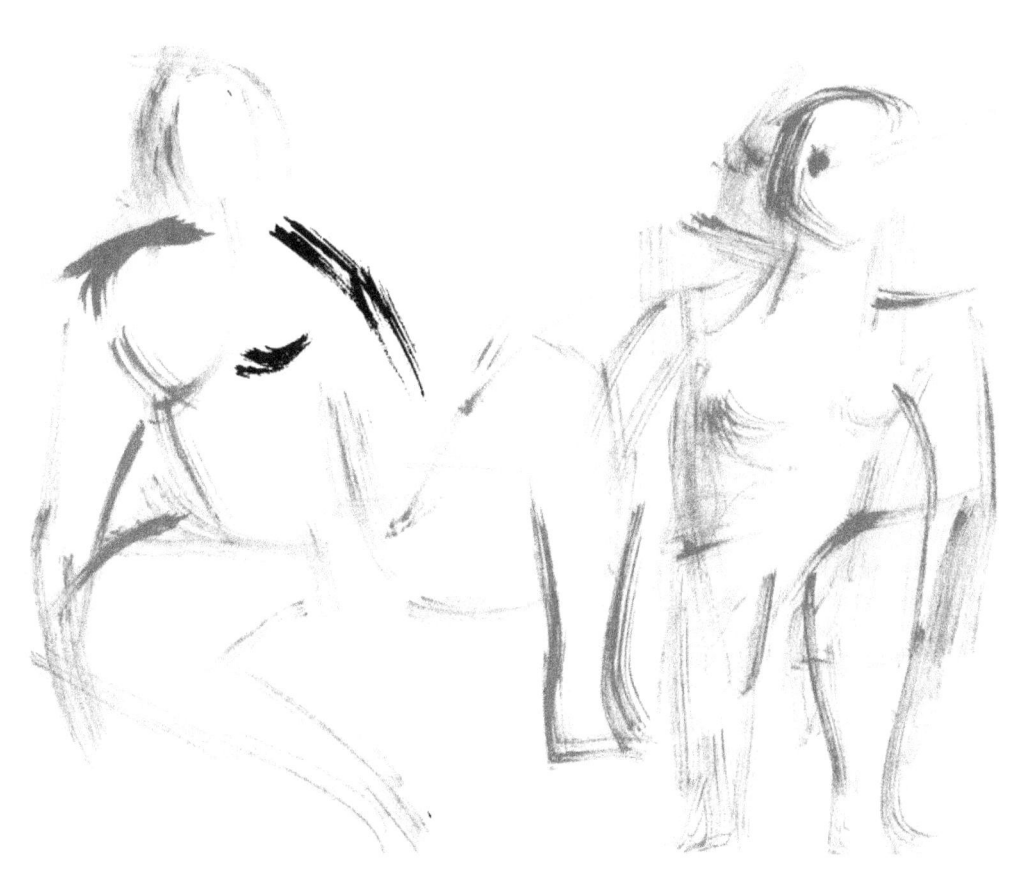

YO MÉXICO, 1987
Tinta / papel, 24 x 30 cm

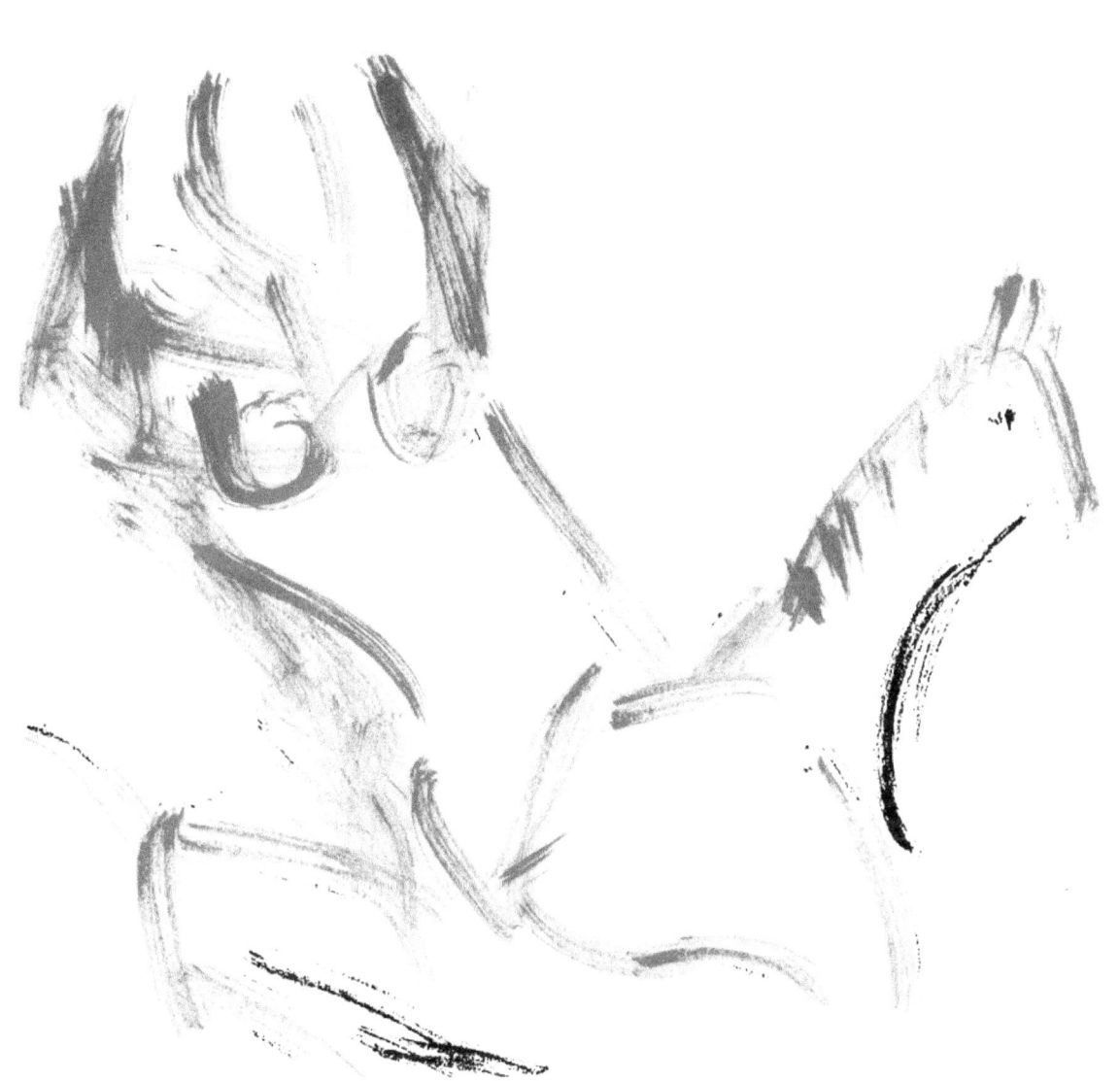

NIÑA Y CABALLO, 1987
Tinta / papel, 44 x 35 cm

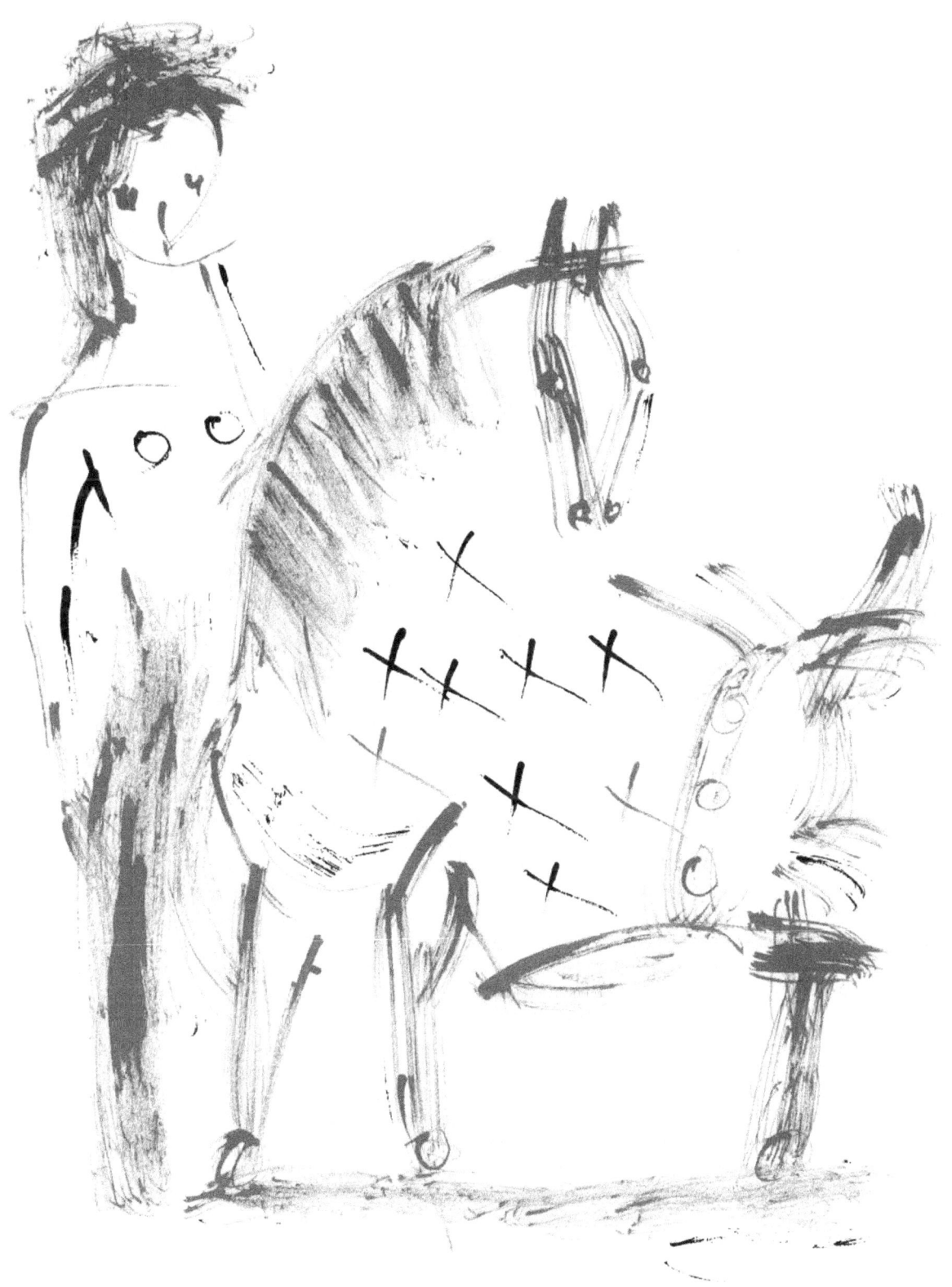

LOS INOCENTES, 1987
Tinta / papel, 44 x 37 cm

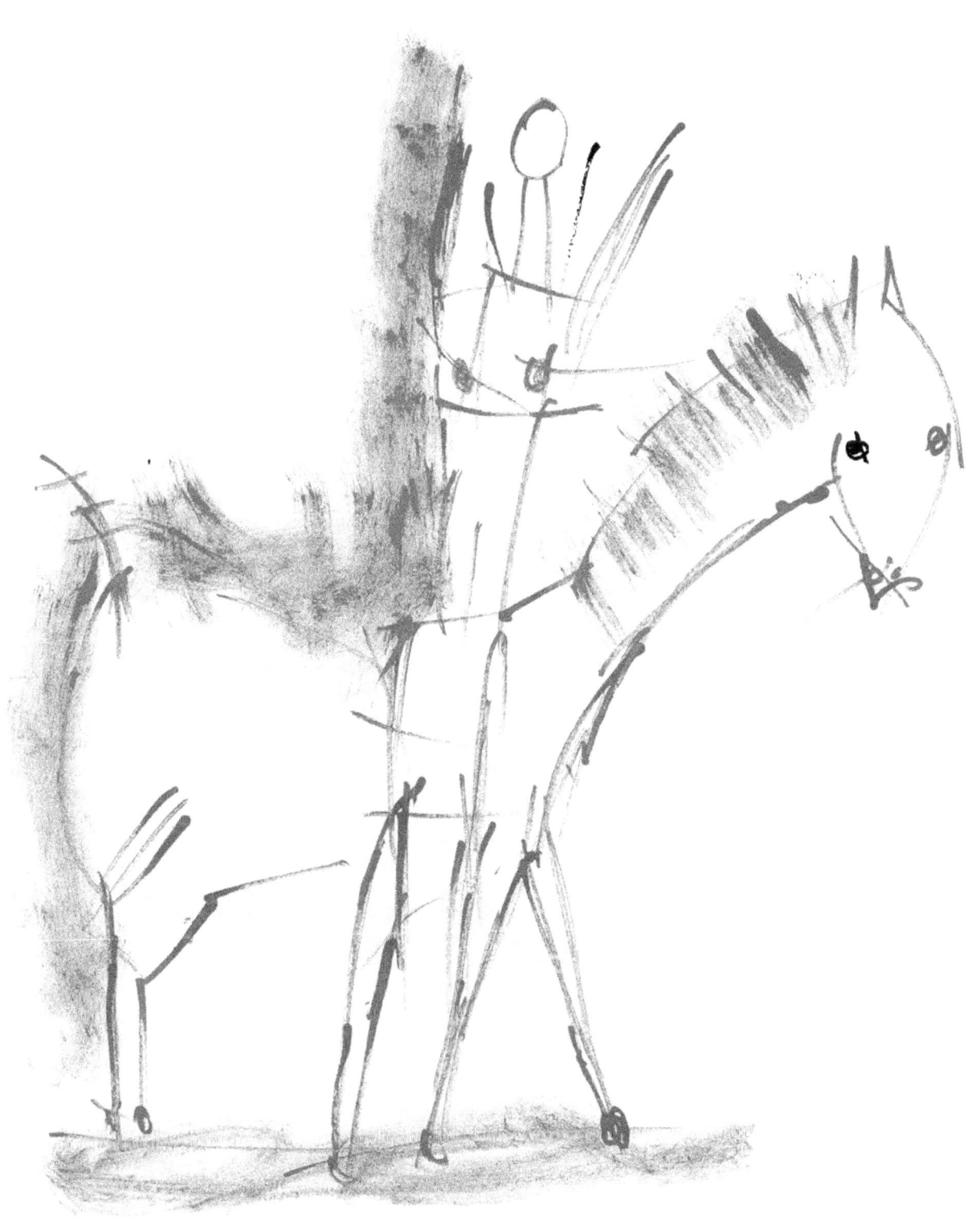

JUAREZ Y SU TORO, 1987
Tinta / papel, 36 x 29 en

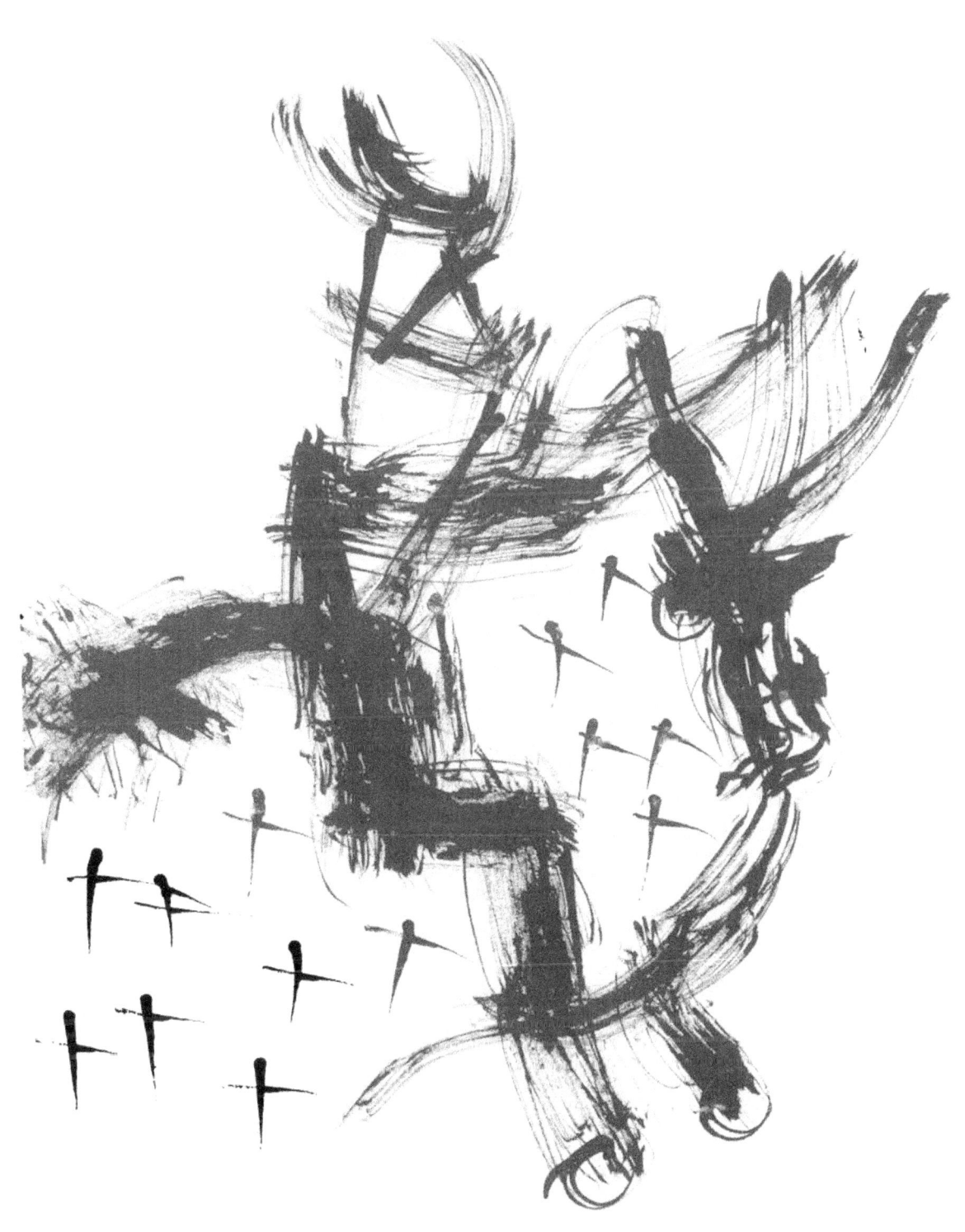

ANGEL TORO, 1987
Tinta / papel, 35 x 44 cm

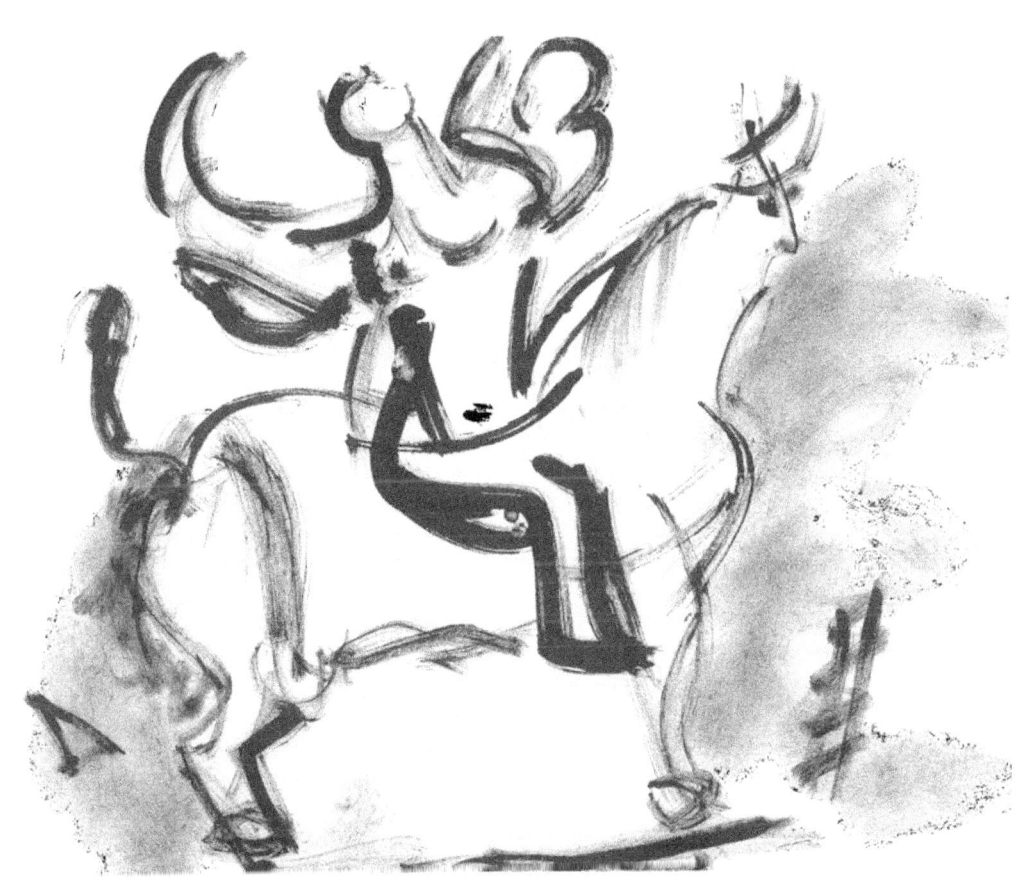

TORO ENOJADO, 1997
Tinta / papel, 21 x 29 cm

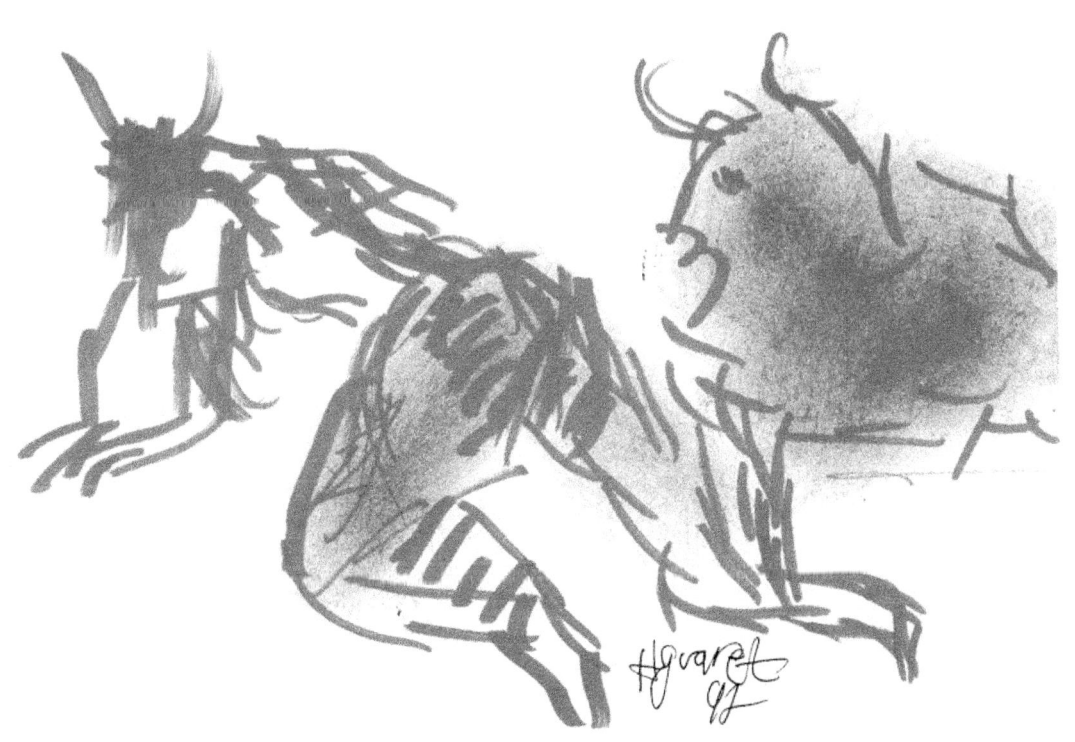

CABALLITO NEGRO, 1976
Tinta / papel, 32 x 23 cm

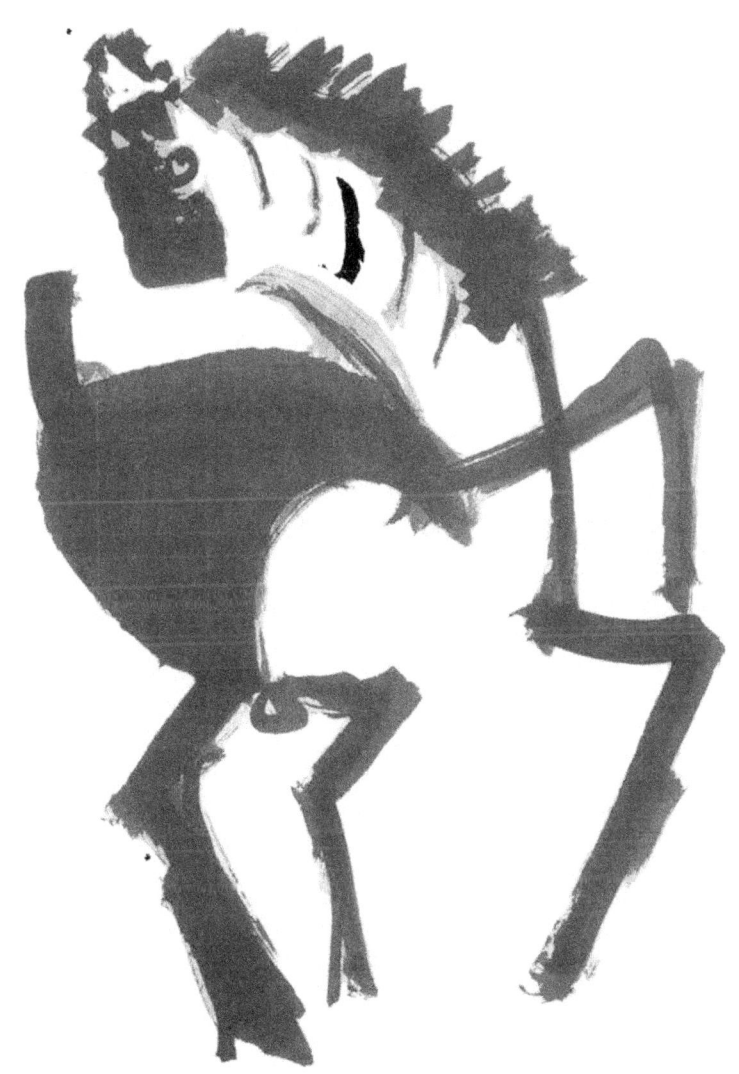

TORO Y REFLEXION, 1996
Tinta / papel, 36 x 29 cm

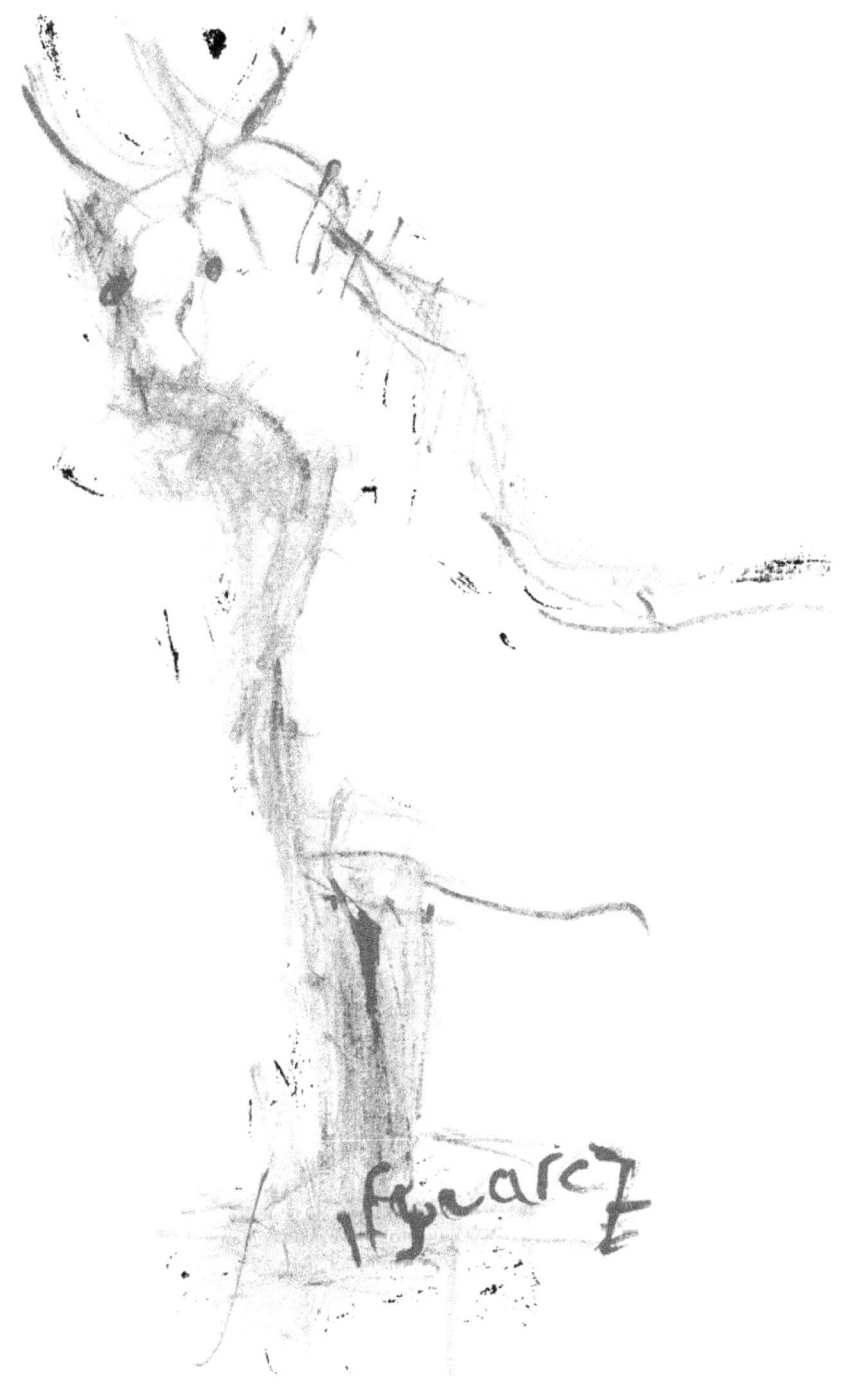

YO EL BRAVO, 1998
Tinta / papel, 44 x 35 cm

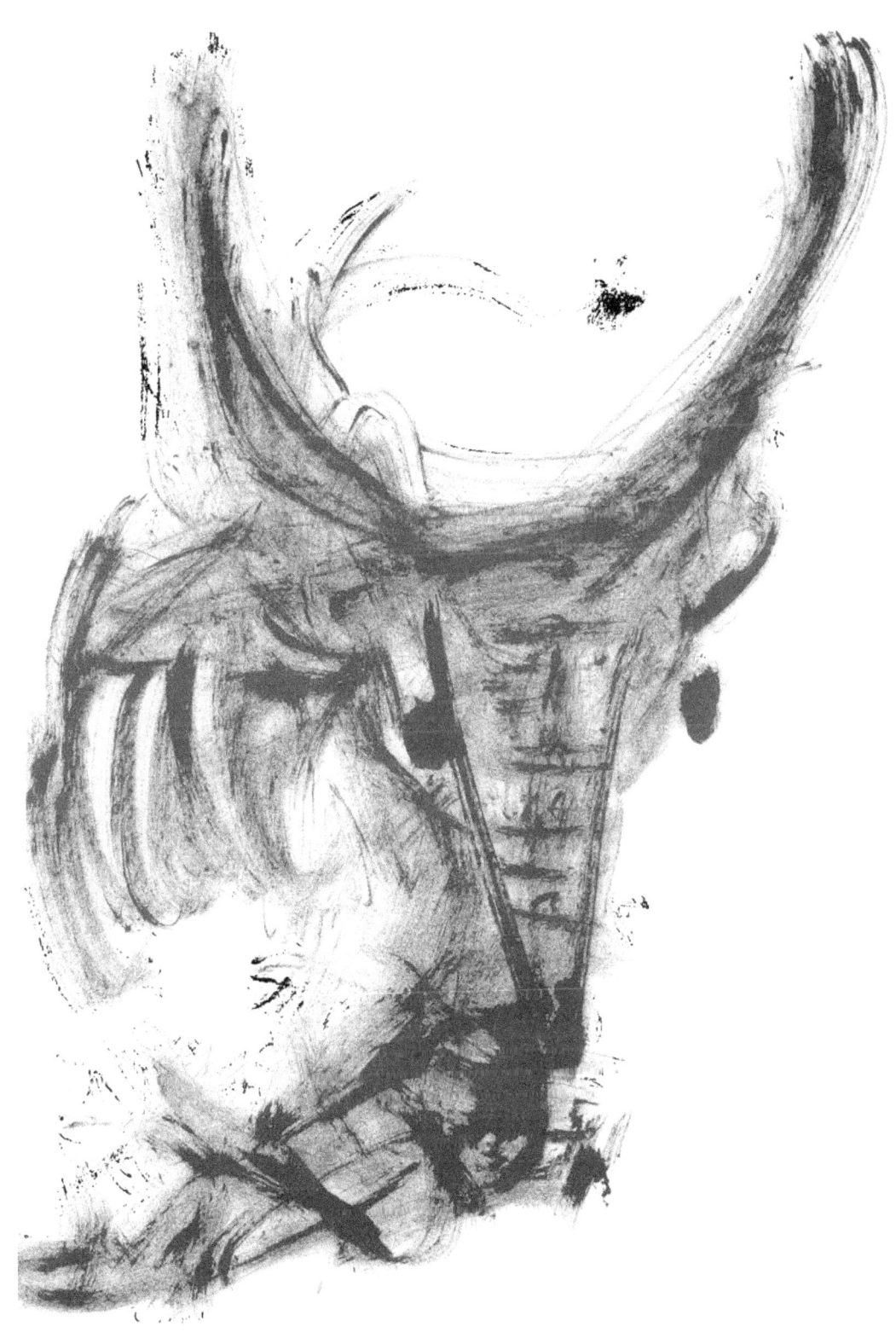

TORO DE MIURA, 1997
Tinta / papel, 29 x 36 cm

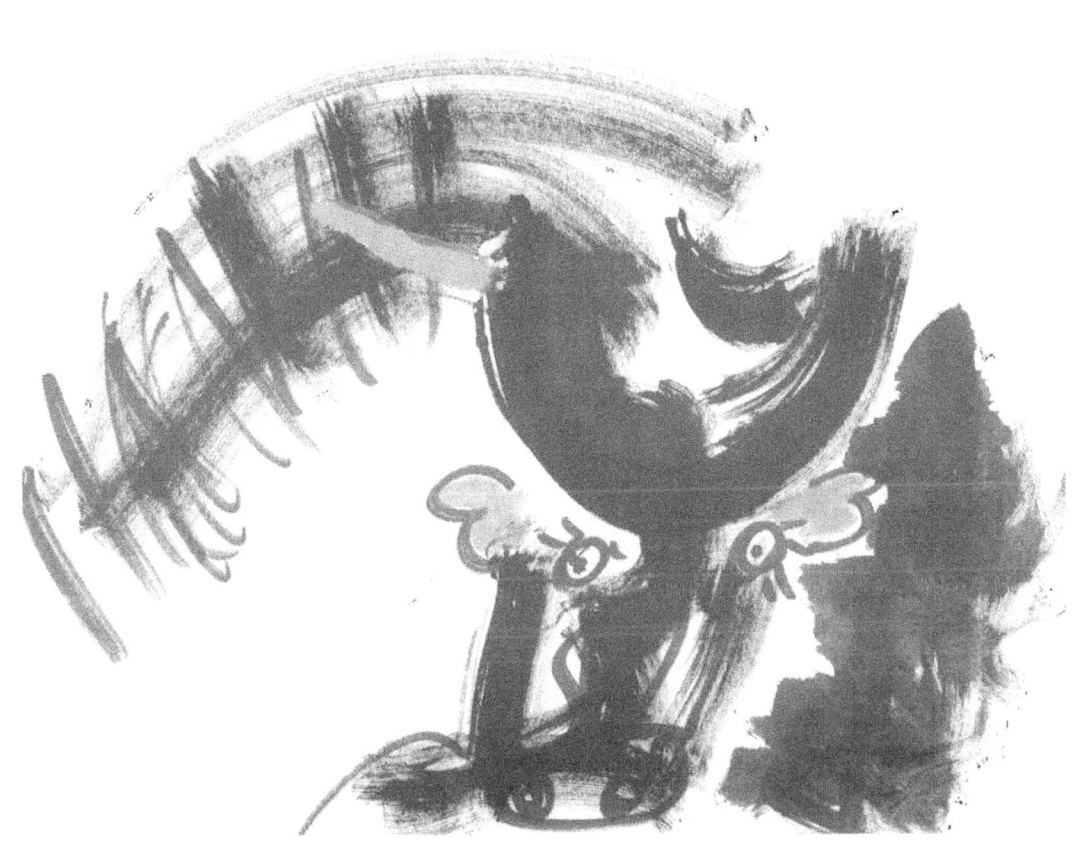

LOS POETAS Y YO, 1998
Tinta / papel, 44 x 35 cm

132

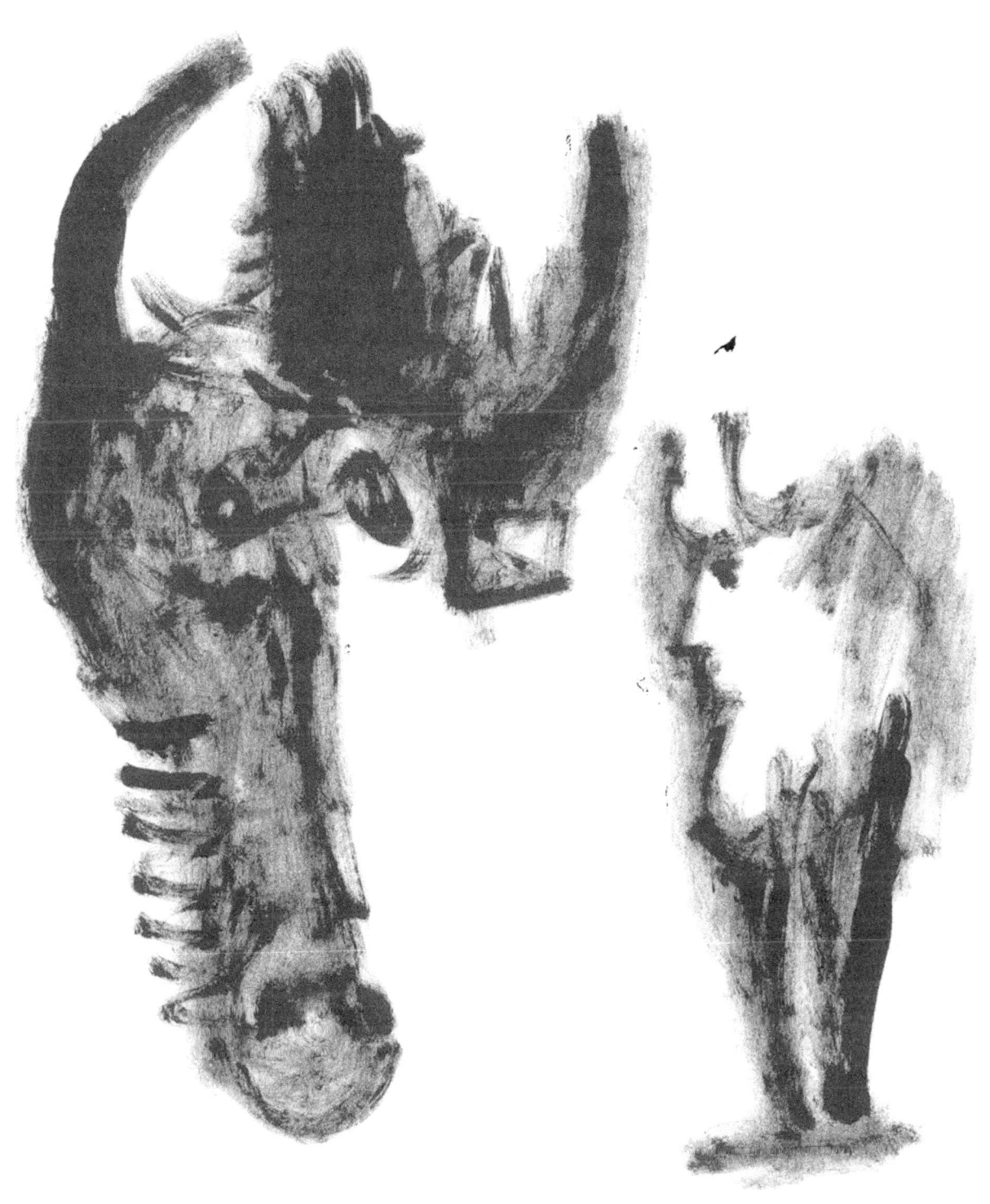

PALOMA EN DESCANSO, 1997
Tinta / papel, 35 x 44 cm

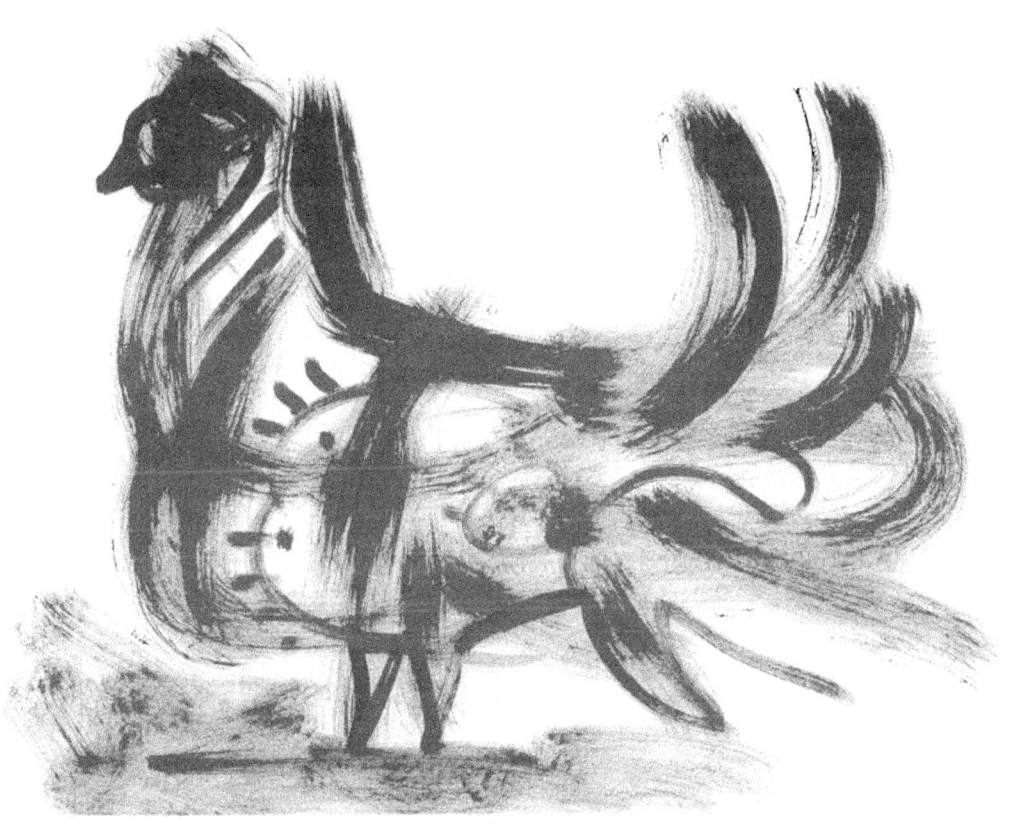

NIÑO Y TORO, 1976
Tinta / papel, 25 x 32 cm

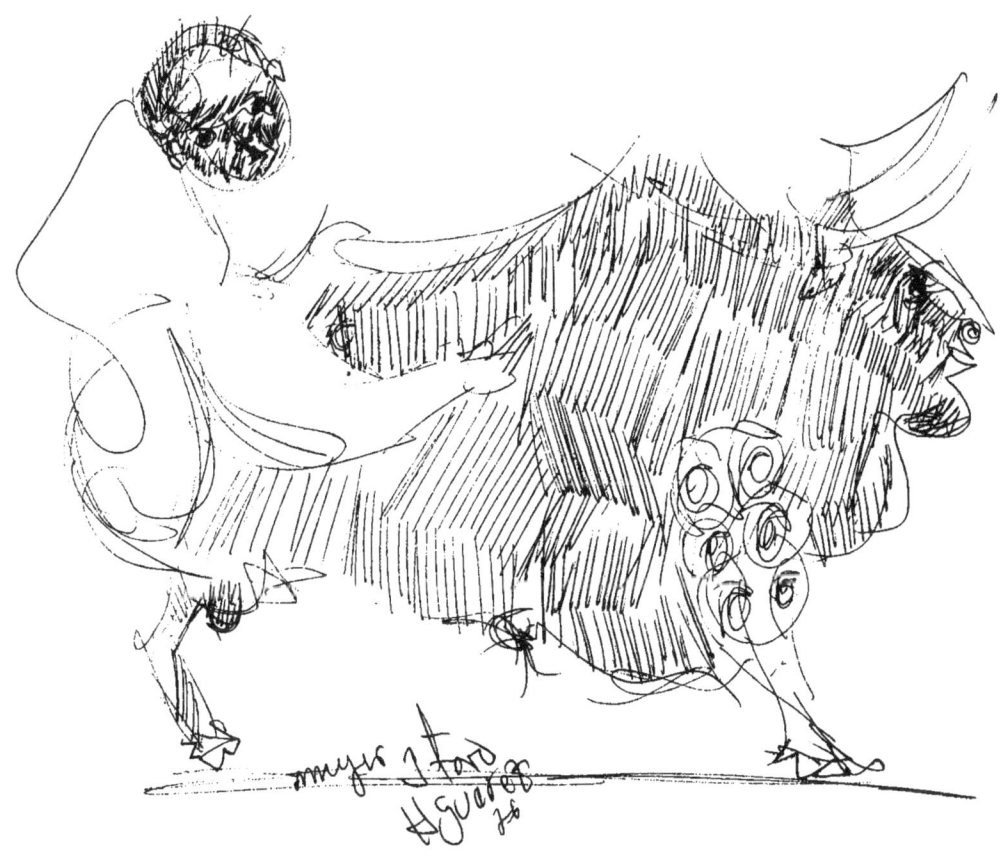

HERIBERTO JUÁREZ

Exposiciones individuales

Individual exhibitions

Expositions individuelles

1998 Universidad de las Américas, exposición y adquisición de 29 piezas. Puebla, Puebla. México.
Inauguración del jardín Heriberto Juárez, Universidad de las Américas. Puebla, Puebla. México.
Fundación de la Bienal de Escultura y beca *Heriberto Juárez*.

1996 H. Cámara de Diputados. México, D.F.

1995 Galería J.L. Silva. Valle de Bravo, Estado de México. México.

1994 Secretaría de Comunicaciones y Transportes. México, D.F.
Aeropuerto Internacional de la Ciudad de México. México, D.F.

1993 Museo Robert Brady. Cuernavaca, Morelos. México.
Centro Cultural Alfa. Monterrey, Nuevo León. México.

1992 Galería H. B. México, D.F.
Galería Misrachi. México, D.F.

1991 Torre de Petróleos Mexicanos. México, D.F.

1990 Galería Metropolitana, Universidad Autónoma Metropolitana. México, D.F.

1989 Tecnológico de Monterrey campus Estado de México. México.
Museo de Arte Moderno. Toluca, Estado de México. México.

1988 Museo de Arte Moderno. México, D.F.

Galería Misrachi. México, D.F.

1987 Galería Crowne Plaza. México, D.F.

1986 Galería Misrachi. México, D. F.

1985 Club de Golf Bellavista. México, D.F.
Salón de la Plástica Mexicana. México, D.F.

1984 Museo de Arte e Historia. Ciudad Juárez, Chihuahua. México.

1983 Galería Ocampo. Cuernavaca, Morelos. México.

1982 Machorro Gallery. Houston, Texas. U.S.A.

1981 Galería Dos Puertas. México, D.F.
La Galería. Monterrey, Nuevo León. México.
Premrou Gallery. New York, N. Y. U.S.A.

1980 Club de Golf Bellavista. México, D.F.

1979 Galería Fomento Cultural OPIC. México, D.F.

1978 Museo de Arte e Historia. Ciudad Juárez. Chihuahua. México.

1977 Academia de Neurología. México, D.F.

1976 Consulado de México. San Antonio, Texas. U.S.A.

1974 Museo de la Charrería. Toluca, Estado de México. México.
Museo de Bellas Artes. Toluca, Estado de México. México.

1973 Galería Arvil. México, D.F.
Museo de Bellas Artes. Oaxaca, Oaxaca. México.

1972 Hotel Princess. Acapulco, Guerrero. México.
Galería Tasende. Acapulco, Guerrero. México.
Museo de Arte e Historia. Ciudad Juárez, Chihuahua. México.
Galería Arvil. México, D.F.

1971 Centro Deportivo Israelita. México, D.F.

1970 Galería Arvil. México, D.F.
Conservatorio Nacional de Música. México, D. F.

Galería La Bola. México, D.F.

Alianza Francesa. Toluca, Estado de México. México.

Casa de la Paz, OPIC. México, D.F.

1968 Galería Reforma. México, D.F.

Casa de la Cultura. Morelia, Michoacán. México.

Casa del Lago. Universidad Nacional Autónoma de México. México, D.F.

1964 Galería Escuela Nacional de Artes Plásticas, Universidad Nacional Autónoma de México. México, D.F.

1963 Galería Excélsior. México, D.F.

1962 Galería 1567. México, D.F.

Galería Mexicana de Arte Moderno. México, D.F.

Galería Chapultepec. México, D.F.

Exposiciones colectivas
Collective exhibitions
Expositions collectives

1995 Raleigh Gallery. Boca Ratón, Florida. U.S.A.

1991 Museo Universitario del Chopo, Universidad Nacional Autónoma de México. México, D.F.

Suma Artis. México, D. F.

1990 Galería Misrachi, 30 aniversario. México, D.F.

1987 Cruz Roja Mexicana. Monterrey, Nuevo León. México.

1986 Cruz Roja Mexicana. México, D.F.

1984 Salón de la Plástica Mexicana. México, D.F.

La Galería. Rosarito, Baja California Norte. México.

1983 Salón de la Plástica Mexicana. México, D.F.

1981 Seguros América-Banco Nacional de México. México, D. F.

University of Texas. San Antonio, Texas. U.S.A.

1980 Galería Molet. México, D.F.

1979 Galería Dos Puertas. México, D.F.

Galería Fomento Cultural. México, D.F.

1977 Hemisferia San Antonio. San Antonio, Texas. U.S.A.

1974 Consulado de México. Nueva York, N.Y. U.S.A.

1973 Casa de la Cultura. Los Angeles, California. U.S.A.

Museo de Arte Moderno. Guadalajara, Jalisco. México.

1972 Consulado de México. San Antonio, Texas. U.S.A.

1971 Galería Arvil. México, D.F.

Museo de Arte Contemporáneo. México, D.F.

1969 Cuarta Bienal de Escultura, Museo de Arte Moderno. México, D.F.

1968 Galería Reforma. México, D.F.

Club para el Desarrollo Humano. México, D.F.

1967 Tercera Bienal de Escultura. Museo de Arte Moderno. México, D.F.

Galería Chapultepec. México, D.F.

1966 Festival de la Amistad y la Cultura, Secretaría de Relaciones Exteriores de México. Costa Rica, Guatemala, Honduras y Panamá.

Galería Sagitario. México, D.F.

1961 Galería Chapultepec. México, D.F.

Premios y distinciones
Awards and distinctions
Prix et distinctions

1996   La H. Cámara de Diputados. Legislatura LVI,
        edita el libro *Heriberto Juárez*. México, D.F.
1995   Inauguración de la Calle Heriberto Juárez.
        Ayotla, Estado de México. México.
        Monumento a Simón Bolívar, segundo lugar.
        Tegucigalpa, Honduras.
1993   Petróleos Mexicanos edita el libro *Heriberto
        Juárez*.
1989   Editorial *Obra Citada* edita un libro de su obra.
1979   Elegido para producir el monumento a los
        niños, Registro Federal de la Propiedad.
        México, D.F.
        Gana el concurso para producir el primer
        monumento a la amistad convocado por la
        asociación civil *Los Amigos*. México, D.F.
1977   Representa a México en la Hemisferia de San
        Antonio, Texas. U.S.A.
1974   Gana un premio de escultura ecuestre en
        Alberta, Canadá.
1972   Distinguido por la Secretaría de Educación
        Pública. México, D.F.
1984   Beca de producción en Europa, Secretaría de
        Relaciones Exteriores de México.

Colecciones particulares
Private collections
Collections particulieres

Miguel Álvarez Acosta • Merino Fernández • Antonio Macías • Anthony Queen • Lorenzo Zacani • Aeropuerto Internacional Benito Juárez. México, D. F., • Ambassade de France au Mexique • Asociación de Radiodifusores de México. • Cervecería Moctezuma. México • Compañía Champion. México • Compañía Indetel. México • Galerías Diseño. México • Galería Tasende. México • Hall Mark Card. Houston, Texas. U.S.A. • Hoteles The Ritz. Carlton. Cancún, Quintana Roo. México • Mexican American Foundation. San Diego, California. U.S.A. • Museo de Arte Moderno. Toluca, Estado de México. México • Museo Raleigh. Punta del Este, Uruguay • Parque Memorial. México • Registro Público de la Propiedad. México • Rockefeller Foundation. New York. U.S.A.

www.ingramcontent.com/pod-product-compliance
Lightning Source LLC
Chambersburg PA
CBHW081259170526
45165CB00011B/3355